鏈實力

CHAIN POWER

島鏈、供應鏈、民主鏈，新半導體地緣政治學

李世暉——著

明白

推薦序

《鏈實力》，台灣展望未來的指南針

日本東京大學教授 松田康博

作為東亞地區國際政治與兩岸關係的研究學者，現任國立政治大學的李世暉教授是我在台灣最關注的專家之一，他亦是我的好友。

李教授畢業於政治大學外交學系，主修國際關係，之後前往日本知名的京都大學取得經濟學博士學位。他不僅是學界的菁英，更精通公共政策，經常對政府的政策提出諮詢意見。

因此，當李教授出版《鏈實力：島鏈、供應鏈、民主鏈，新半導體地緣政治學》一書，邀請我撰寫推薦序時，我感到非常開心。李教授向來是以學術著作為主，一般人也許興趣不會太高。但是，本書以「地緣政治」、「鏈實力」等關鍵字展開論述，並引用新聞資料分析現況，讀者即便不具備相關的專業知識，或只是關心安全保障與國際關係，也能輕易理解本書的內容。

過去數年，在國際社會中，台灣的存在感非常之大。最重要的原因是，台灣擁有先端半導體產業。在中國與俄羅斯的霸權主義之下，全球化遭致頓挫；而先端產業的供應鏈過度依賴非友好國家的風險，日趨顯著。目前，藉由「友岸外包」，以友好國家、同盟國家為中心重組供應鏈已成為重要趨勢。

本書從基礎知識開始，說明半導體的發展歷史。特別對於日美半導體摩擦的過程，以及台灣與韓國半導體產業的崛起，進行簡潔明瞭的解說。在美中戰略競爭的三根支柱中，半導體的生產技術與供應鏈，已成為軍事競爭、經濟競爭之外的第三根重要支柱。而分析日本經濟安全保障概念以及台積電的日本投資，也有意義地說明了日本的角色。

本書也詳盡解釋「地緣政治」的關鍵概念。地緣政治是以地理學為基礎的國際政治學。本書以海洋國家與大陸國家的差異、東亞地區的領土紛爭等基礎，在美中分立的「半球化」趨勢下，分析後全球化時代自由貿易體制的未來發展，具有重要的意涵。

此外，李教授亦指出，在日本與台灣的GDP中，國防預算的低占比有助於經濟的發展。此一論述的觀點正確，在此我也提出韓國的例子加以補充；韓國的國防預算GDP占比相對較高，但同時在經濟發展上獲得成功。只是在中國軍事力量急速增強的過程中，台灣已經無法因襲過去國防預算低占比的發展模式。如同國產化的潛艦「海鯤」、高教機「勇鷹」，由國家主導國防產業，由政府扮演重要角色，也已經成為不可逆的全球趨勢。

對於台灣海峽、朝鮮半島、南海等區域熱點的風險，以及印度崛起、北極海航線等地緣政治的要素，本書係以全面且均衡的方式加以論述。李教授特別指出，在三條島鏈、三種地緣以及美日中三大國家下，台灣具備三位一體的地緣價值；而面對二〇四〇年，台灣應形成自己的大戰略。

今後，習近平執政下的中國，將呈現更強烈的不確定性。美中戰略競爭關係的發展軌跡，不僅是台灣，也是全球關注的重大事項。李教授的分析與評論，重要性將會日益增大。而關注台灣，以及關心印度太平洋地區國際關係的華文讀者，更需詳讀本書。在展望台灣未來之際，本書毫無疑問將扮演指南針的角色。

推薦語

台灣是價值的寶庫

台灣是火藥庫，同時也是價值的寶庫，受到多重鏈結的保護。李世暉教授的著作，提供了具說服力的論述。

——日本東京大學法學部教授　遠藤乾

台灣在討論國際政治經濟時往往忽略了日本的角色。然而無論就科技、經貿，乃至軍事，日本都對台灣有相當重大影響。這本書徹底補足了這個缺口，是不可忽視的好書。

——政治大學社會學系教授　鄭力軒

在各國祭出半導體扶植政策與地緣政治環境快速變動態勢下，任何國際情勢的改變將對產業鏈與台廠產生影響，李世暉教授以三位一體的新地緣觀帶來全面性剖析，權威見解不容錯過。

——台灣經濟研究院產經資料庫總監　劉佩真

目錄

PART 2

第二部 全球化與半球化

PART 3

第三部 後冷戰與現冷戰

「鏈實力」決定全球新秩序

世界正駛入一條長不可測的黑暗隧道，在隧道盡頭隱約有亮光，驅動列車快速前進的動力是一種嶄新國家權力概念——鏈實力。

當全球四大火藥庫陸續引爆，鏈實力是阻止世界走向遍地烽火的關鍵。

當人類未來不知是福是禍，一切端看鏈實力能否能極致發揮。

二〇一八年的美中貿易戰激化了兩個大國的角力競爭。

緊接在後的俄烏戰爭、以巴衝突與半導體供應鏈爭奪，更讓國際政治經濟緊張情勢明明白白顯露出來。

在這樣的氛圍下，全球地緣政治就如同連動疾駛的列車，正進入幽暗無光的隧道中。隧道內煙霧瀰漫，遮蔽了前方視線。

面對此一黑暗隧道，多數國際政治學者抱持悲觀態度。其中最具代表性的觀點是，美國政治學者艾利森（Graham Tillett Allison）於二〇一七年提出的「修昔底德陷阱」（Thucydides Trap）。

艾利森透過歷史佐證說明，雅典崛起曾引發了斯巴達的恐懼，最終不可避免地走向戰爭。而現今美中之間，也正依循雅典與斯巴達的歷史路徑，也就是，新興霸權中國的崛起已讓既有霸權美國恐懼，兩國之間的戰爭不可避免！

但是，美中兩國之間的戰爭是否真的如艾利森所言「不可避免」？地緣政治的黑暗隧道盡頭是否有光、有明亮的未來？思考這兩個問題時，我們必須先理解美中之間的主要衝突議題是什麼。

綜觀各種戰略報告後可發現，美中衝突根源有三項：第一是圍繞著台灣海峽、東海與南海的安全對峙；第二是以半導體為核心的科技競爭；第三則是美中兩國海陸權在價值觀上的歧異。而這三大衝突有個共同的交會處，也就是「台灣」。

講究「環環相扣」的國家實力

從國際關係理論來看，地緣政治最關鍵的概念即「國家權力」（national power）。國家權力會以不同面貌的「**實力**」（**power**）展現在政治與經濟層面上。過去，國際關係學者曾陸續提出**硬實力**、**軟實力**、**巧實力**、**銳實力**等概念，來分析哪個國家最能主導全球大局。

其中，硬實力講究的是「軍事力量」，軟實力講究的是「文化力量」，巧實力著重「策略力量」，銳實力強調「媒體力量」。把這些力量加總起來，可以看出一個國家的綜合國力與特殊強項。

但歷史是往前動態行進的，新變數與新局勢出現，在二十一世紀的此刻，單靠這些實力指標來分析國際大局，往往會出現誤判。就如前述，美中兩國間的衝突已廣及地理、科技、供應鏈、民主與極權價值觀等多種面向，國家實力也就出現本質上的變化，亦即更講究地緣位置、科技供應鏈與價值觀的鏈結力。一環扣一環，扣得愈緊，國家實力愈強。

這種「環環相扣的實力」，即為**「鏈實力」（Chain Power）**。

從以下幾組命題，可以更清晰理解「鏈實力」的重要性，以及它為何會在新時代崛起。

- 鏈實力是什麼？
- 為何鏈實力會在此時成形？
- 為何鏈實力更講究環環相扣？
- 為何鏈實力會改變人類對地理空間的認知？
- 為何科技力會在人類史上第一次化身為地緣政治的一環？
- 為何傳統的海權與陸權二分法思維會被顛覆？
- 為何「邊緣地帶理論」定義從此改寫？
- 鏈實力將如何影響全球政局？
- 面對新局勢，鏈實力所包含的島鏈、供應鏈、價值鏈，各自要怎麼做，才能鎖緊？

什麼是鏈實力？

所謂的「鏈實力」，是在地緣政治上所醞釀出新的國家權力意涵。它是基於地理上的鏈結、經濟上的鏈結、普世價值觀的鏈結，特定國家所行使之權力。（見圖表0-1）

鏈實力的特點之一，是具備「不可替代性」。例如，在地理位置上的不可替代性，在全球經濟產業上的不可替代性等，而這些不可替代性，造就了強固的鏈結關係。在國際社會中，與關鍵議題鏈結的廣度與深度愈高，代表該國家的鏈實力愈強大。

當前國際間最為關鍵的議題，就是美中兩國在安全、科技與價值觀上的競爭與對峙。

在安全議題上，美中兩國對峙最激烈的地區，就是歐亞大陸與太平洋交界的台灣海峽、東海與南海。美國承襲了二次世界大戰之後建構的第一島鏈防禦體系，以台灣為中心，向北鏈結東北亞的日本，以及東南亞的菲律賓、印尼。而中國則是在

圖表 0-1. 國家權力類型

國家權力	意　涵	代表國家
硬實力（Hard Power）	以軍事、經濟力量影響他國的能力	美國
軟實力（Soft Power）	以文化、價值觀吸引和說服他國的能力	日本、德國
巧實力（Smart Power）	結合硬實力和軟實力的致勝策略能力	英國
銳實力（Sharp Power）	利用資訊、外交手段來突破、滲透特定國家的能力	中國、俄羅斯
鏈實力（Chain Power）	鏈結地緣政治、地緣經濟與價值觀的能力	台灣

台灣以北的宮古海峽，以及台灣以南的巴士海峽擴展海洋勢力，以突破第一島鏈的包圍網。

在科技議題上，為了不讓中國取得科技發展的關鍵技術，特別是半導體技術，美國與日本、韓國、台灣組成半導體聯盟，掌控全球的半導體供應鏈。中國則是傾全國之力補強半導體供應鏈的薄弱環節，也試圖拉攏台灣的半導體廠商以建立半導體的自主供應鏈。

在價值觀的議題上，美國推行的自由民主價值觀，強調民主政治與經濟繁榮之間的正向關係。過去，這樣的價值觀是擊敗蘇聯共產主義的重要力量。另一方面，中國則是主張以美國為代表的自由民主，並不適合華人社會，而中國的經濟成長，呈現了另一種國家發展路線——那就是威權政體也可以造就經濟繁榮。

紅色供應鏈也算是「鏈實力」？

上述三項美中交鋒的議題，都與台灣有著密不可分的關係。而在地理位置、科技發展與價值觀的交錯發展趨勢下，鏈實力成為評量台灣國家權力的重要概念。

首先，台灣位於「第一島鏈」的中心位置，是鏈結東北亞與東南亞的要衝之地，此為台灣的鏈實力一。

其次，以台積電為首的台灣半導體企業，在全球「半導體供應鏈」上具有不可替代的地位，直接影響大國科技競爭的走向，此為台灣的鏈實力二。

最後，台灣成功地在華人社會建立了民主與繁榮的典範，並以「民主鏈」與自由民主國家陣營形成穩固的夥伴關係，此為台灣的鏈實力三。

順著這個邏輯，有人可能會問：中國的「紅色供應鏈」也算是鏈實力嗎？

的確，以中國為主體的紅色供應鏈也試圖達到「環環相扣」的效果。所以近年中國不只戮力強化科技產業實力，希望在美台日韓「晶片四方聯盟」（Chip 4）的阻絕下，在中國境內建立可以自我供應、自產自足的科技產業鏈和產業體系，並試圖利用「一帶一路」的戰略軸線，從陸路和海路串起政治經濟環環相扣的國際鏈結。

但是，紅色供應鏈在地理、科技、供應鏈、價值鏈上的「環環相扣」能力不夠堅韌，地理上的串聯有高山和海洋咽喉點阻礙，加上「一帶一路」聯盟國家所懷抱的價值也不盡相同，斷鏈風險高，能否形成強而有力的鏈實力，值得觀察。

綜合以上，鏈實力作為一種講究「環環相扣」的國家實力，國家自身的地理空間、科技產業鏈、價值觀等特質都必須要能夠「環環相扣」，發揮綜效，鏈實力才強大。另外，和其他國家間串聯的地理空間、科技產業鏈與價值觀也必須「環環相扣」，鏈實力才能堅韌、開展。

科技力何以決定鏈實力？

二十一世紀初期，著名的國際政治學者，同時是美國民主黨重要智囊的奈伊（Joseph Nye Jr.），觀察到美國共和黨布希政權在中東地區投入大量軍事力量，但卻遲遲無法達成反恐政策的目標，遭致國際社會的批判。二〇〇四年，奈伊提出了「軟實力」的概念，強調文化、價值觀的影響力，更有助於維護或擴大國家利益。

在全球化時代，軟實力的出現，確實為國家權力的行使，提供新的思考途徑。美國也透過留學制度、流行文化、主流媒體等機制，向全世界推展以民主主義為核心的美國軟實力。

在科技化時代，科技競爭涵蓋了所有領域，科技政策也成為主要大國的「上位政策」。正如同「科技始終來自於人性」的廣告用語一樣，科技的出現，原本是為了改進人類的生活，具有一定的普及性與中立性。

然而，隨著美中兩個大國的競爭，科技的「中立性」逐漸消失，民主的科技與威權的科技之間，壁壘分明。同樣的人工智慧科技，有的國家用來嚴厲監控人民，

有的國家則是用來創造經濟繁榮。同樣的半導體晶片，有國家用來製造彈道飛彈，危及區域安全；有的國家則是製造手機與智慧家電，提升人類的生活品質。

時至今日，科技已經成為主宰地緣政治變化的關鍵。

一六二四年，正值西方大航海時代的鼎盛時期，天文與航海技術的進展，讓台灣躍上了國際政治與舞台。當時的荷蘭為了建立與東方國家貿易的據點，取得位處東北亞與東南亞交會處的台灣。

二〇二四年，則是半導體與電子科技的蓬勃發展時期，荷蘭的半導體設備大廠ASML與台灣的半導體製造大廠台積電，主導了世界的高階半導體供應鏈。

四百年來，台灣的重要性，一開始是因為地理位置，接著是戰略資源。特別是在一八八〇年代，歐洲以樟腦為原料研製出穩定且威力強的「無煙火藥」之後，台灣的樟腦成為國際貿易的戰略資源，全球市占率一度超過七〇％。

進入一九二〇年代之後，化學合成的火藥製造方式逐漸取代樟腦的地位，科技的進展改變了台灣的戰略地位。到了一九八〇年代，台灣再度藉由科技的進展，推動了半導體產業，並在二〇一〇年代，取得半導體供應鏈中最重要的地位。

百年前的樟腦是戰略資源，但僅限於軍事領域；現代的半導體，則是涵蓋各領域的戰略資源，甚至決定了人類的生活方式。從這個角度來看，如果國家競爭的最終目標是生活方式的競爭，包括半導體在內的科技力，就是決勝的關鍵。

若從國民的角度來看，國家在生活方式上的競爭，是一套尋求安全、安定與安心的戰略。對台灣、周邊國家乃至於全球主要國家來說，台灣的島鏈涉及國家與區域安全的議題，台灣的半導體供應鏈涉及經濟與生活安定的議題，台灣的民主鏈涉及普世價值觀的安心議題。

換言之，台灣具備的鏈實力，是研判未來地緣政治趨勢的重要因素，更是在地緣政治黑暗隧道中找尋亮光的指引途徑。

鏈實力正在影響國際政治經濟

鏈實力中強調的安全、科技與民主，彼此之間原本是相對獨立的存在。在傳統的國際政治經濟領域，這三項要素也是各自在專屬的議題場域進行討論。

若以重要的國際組織為例，聯合國安全理事會是討論安全議題的場域，經濟合作暨發展組織（OECD）是討論科技與經濟議題的場域，全球民主峰會（Summit for Democracy）則是討論民主與人權議題的場域。

在現今的國際政治經濟領域，包括安全、科技與民主要素在內的情勢變遷，已經無法獨立進行討論與因應。包括七大工業國峰會（G7）、二十大工業國峰會（G20）、金磚峰會（BRICS）等，每年探討的議題幾乎都會涵蓋安全、科技與民主（或其他價值觀）面向。

以二〇二三年在日本廣島舉辦的七大工業國峰會為例。會後的「廣島願景」提及，反對透過武力意圖改變現狀或破壞穩定的單方面行動，這是安全議題；提及落實經濟安全保障，推動能源、供應鏈與太空科技的合作，這是科技議題；提及維護人權、撲滅貧窮的重要，這是民主議題。

值得注意的是，「廣島願景」也強調，要在共有的民主價值觀下發展可信賴的人工智慧，將民主與科技發展緊緊地鏈結在一起。

這個時候，台灣所具備的鏈實力，既是國際政治經濟發展趨勢下的必然結果，更是解讀國際政治經濟走向的窗口。

對台灣而言，島鏈上的戰略地位，是衡量美中權力變動的天秤；半導體供應鏈上的關鍵地位，左右了全球科技與經濟安全的進程；民主鏈的網絡連結，標示了東亞（華人社會）民主與繁榮的成功路線。

當我們面對變動的國際政治經濟局勢，鏈實力所包含的島鏈、供應鏈、民主鏈，要如何才能鎖緊成為台灣的國家戰略？

首先，要有多元參與的戰略溝通平台，並將台灣的重要企業納入平台參與討論。如此一來，企業的觀點與能力將會反映在鏈實力戰略中，而鏈實力戰略也能獲得企業的支持。

其次，要透過經濟安全保障對話，與地緣政治上的夥伴國家，在安全與科技領域進行全面的合作。

最後，要推動民主科技的論述，讓台灣民眾在內的現代國際社會公民，具備相關的知識與判斷。

台灣面臨必須做出選擇的時代

這幾年的國際情勢變化，讓我們深切地感受到，地緣政治的變動不再只是國家領導人或軍事將領的事，每一個人都會受到波及。例如，當歐洲地區的烏克蘭與俄羅斯，以及中東地區的以色列與巴勒斯坦發生衝突時，全球能源、糧食、食用油的價格，以及關鍵資源的供給，立即出現劇烈波動。即使遠在東亞地區的台灣民眾，也直接面臨經濟上的衝擊與物價的上揚。顯見現代地緣戰略的影響層面廣泛，除了傳統的軍事、外交與貿易，也包含產業、科技與文化。

特別是身處地緣樞紐位置的台灣，更需要理解地緣政治，以及由現代地緣政治發展出來的台灣鏈實力。對於台灣人來說，由於鏈實力包含安全、科技與民主要素，與我們的生活方式息息相關，有必要對其投入大量關注。

在這裡必須強調的是，無論是政治決策者、企業領導人、還是一般的台灣公民，在思考台灣的鏈實力時，必須同時掌握下列三條重要的認識途徑。

第一是「關於台灣的鏈實力」（Chain Power about Taiwan），這是主要大國

圖表 0-2. 全球四大火藥庫比較

地區	地緣型態	主要衝突爆點	現況
俄烏交界	半島	地緣要衝、種族衝突	已引爆
中東地區	半島	地緣要衝、種族衝突	已引爆
東北亞	半島	地緣要衝、政治分歧、核子武器	未引爆
台灣	海峽	地緣要衝、政治分歧、半導體	未引爆

（美國、日本等）關注台灣戰略價值的觀點，可以從第一島鏈、海上生命線、晶片戰爭等關鍵字入手。

第二是「與台灣合作的鏈實力」（Chain Power with Taiwan），這是主要大國期待台灣扮演的地緣政治角色，可以從半導體聯盟（Chip 4）、自由開放的印太地區等關鍵字入手。

第三是「給台灣的鏈實力」（Chain Power for Taiwan），這是台灣對自我鏈實力的認知與落實，也是維繫自身生存與發展的必要途徑，可從半導體供應鏈、海洋民主國家等關鍵字入手。

台灣是全球火藥庫之一，也一度被視為「世界上最危險的地區」。當全球四個火藥庫已經引爆了兩個，另外兩個也被認為有極高的風險之際，台灣人已經無法置身事外，更有必要進一步理解與認識地緣戰略，也要認清與掌握自己的鏈實力。

面對國際政治經濟的大格局，處於特殊國際地位的台灣，就如同在十字路口等待過馬路的行人，習慣依循著紅綠燈的信號行動。這是因為依循信號行動比較安全。不僅是台灣，全世界多數國家也習慣依循信號一起行動。

但在美中對峙形成的新國際格局下，這個信號的部分功能出現重大變化，無法再以過去的常識進行判斷。試想一下，走在斑馬線上的行人突然發現，行人燈號突然由綠轉紅的時候，該怎樣進行選擇？是要退回原本的路口，還是要加速腳步跑到對向的路口？

台灣目前正面臨到這樣的情境。退回路口等待下一次的信號，這是一種選擇，但你無法確定下一次信號什麼時候轉綠（燈）。加速衝向對向路口，這是另一種選擇，但你可能會遭遇事故風險。最忌諱的是不做選擇，佇立在馬路當中。

這是一個國際格局大轉變的時代。深入了解東亞地緣政治以及台灣的鏈實力分析後，你會發現，這也是一個台灣必須做選擇的時代。

國際學堂

全球四大火藥庫

當前的國際政治領域中，有四個位於地緣要衝的區域，長期處於緊張的情勢，包括三個半島與一個海域。各方勢力的虎視眈眈，加劇了其間政治體制與宗教的對立與戰略資源的爭奪，也導致這四個地區成為危險度極高的全球「火藥庫」。

第一個火藥庫位於黑海的「克里米亞半島」。北端與烏克蘭相連，半島東端則是觸及俄羅斯。原本屬於烏克蘭的克里米亞半島，當地的兩百萬人口中，有六成的族群認同是俄羅斯人，並於二〇一四年三月公投宣布脫離烏克蘭，加入俄羅斯邦聯。然而，俄羅斯併吞克里米亞半島，引起歐美國家的抗議與譴責，也埋下了戰爭的火種。二〇二二年二月，俄羅斯對烏克蘭進行「特別行動」，進而展開全面戰爭，引爆了第一個火藥庫。

第二個火藥庫是位於歐亞交界之處，掌控全球石油生產的「阿拉伯半島」。過去，因為不同的宗教衝突、民族矛盾與主權爭議，在阿拉伯半島上發生五次「以阿戰爭」。一九九〇年代後，雖然以色列與阿拉伯國家之間開始走向和平談判的道路，但以色列與巴勒斯坦的衝突卻從未停歇。二〇二三年十月，巴勒斯坦武裝組織哈瑪斯從加薩走廊向以色列發動大規模攻擊的「阿克薩洪水行動」，以色列隨即發動「鐵劍行動」的報復攻擊，引爆了第二個火藥庫。

第三個火藥庫是位於歐亞大陸與太平洋交界的「朝鮮半島」。南北韓雖同為朝鮮族，但在政治體制與價值觀上，呈現極端差異。北韓積極發展彈道飛彈與核子武器；南韓則與美國、日本合作對北韓進行經濟制裁與軍事嚇阻。朝鮮半島夾在俄羅斯、中國、美國、日本等列強之間，且面臨南北韓的分裂對峙情勢，在雙方的敵意螺旋不斷地上升過程中，衝突有一觸即發的態勢。

第四個火藥庫是位於東亞島鏈中央的台灣；連結東海與南海，並以「台灣海峽」與亞洲大陸相隔。在陸權國家與海權國家的競爭歷史中，台灣是極具戰略價值的地緣要衝。尤其自二〇一八年之後，隨著國際政治的美中對立、經濟產業的半導體需求，以及區域情勢的中國威脅升高，「台灣有事」（即台灣海峽衝突）的可能性大幅攀升。

PART 1

第一部

半導體與鏈實力

第一章

現代地緣戰略「武器」

Chapter

1

◆「半導體」加持，台灣展現「鏈實力」

從蘋果手機到美國先進戰機，都有台灣半導體產業鏈製作的「晶片」影子。而這場晶片製造供應鏈的全球旅程，可從美國F-35戰機所使用的晶片，得窺一二。

美國為了維繫在印太地區與歐洲地區的空中優勢，決定採用第五代戰鬥機F-35。而負責製造生產F-35的洛克希德馬丁（Lockheed Martin），選擇使用加州晶片大廠賽靈思（Xilinx）設計的FPGA[1]晶片，以大幅提升其航空電子系統和多用途能力。

賽靈思接到訂單後，立即下單給台灣生產，負責把設計好的電路圖，實際轉移到半導體晶圓上。接著，台灣晶圓代工廠商購入日本信越化學的晶圓片，並使用台灣光洋應用材料的濺鍍靶材，在晶圓表面鍍上一層金屬薄膜，之後塗上東京應化工業的光阻劑，再透過荷蘭ASML的光刻機，把電路圖縮小並轉印到晶圓表面的光阻

1 FPGA（Field Programmable Gate Array），現場可程式化閘陣列的縮寫，是一種可再程式化的晶片。

上。最後使用美國Lam的蝕刻機，把沒有受光阻保護的金屬薄膜清除掉。再以台灣芯電的去光阻液，將金屬薄膜上方的光阻去除，完成晶圓代工。

當晶圓形成IC（integrated circuit）晶片後，便在台灣進行封裝與測試。製造完成後的晶片，送往美國裝載在F-35的電戰系統上。而搭載台灣晶片的F-35，未來將成為美國在東亞地區的主力戰鬥機。

科技時代的半導體vs石油時代的荷姆茲海峽

二十一世紀，半導體成為關鍵戰略資源。在F-35先進戰鬥機的晶片製造過程中，荷蘭與美國的設備，日本的關鍵材料，全部都匯集至台灣，由台灣的半導體公司進行晶圓代工、封裝與測試。

若將半導體的生產過程比喻為航道，**台灣就是此一航道的必經之處**。從經濟產業的角度來看，**台灣提升了全球半導體晶片生產的效率**；從戰略安全的角度而言，**台灣掌握了全球半導體晶片的供應**。

時間回到二十世紀，全球原油出口量四分之一，都必須通過位於伊朗和阿曼之間的荷姆茲海峽，是當時最關鍵的地緣要衝。

美國在一九八七年介入「兩伊戰爭」的主因之一，就是要確保石油運輸路線的安全。二〇一九年，為了讓歐美國家解除伊朗石油輸出的限制，伊朗宣稱有必要時將封鎖荷姆茲海峽，之後，行經荷姆茲海峽的油輪多次受到攻擊，直接牽動歐美原油市場。美國決定在油輪上部署軍事力量，以確保船隻的航行安全。直到二〇二三年爆發以巴衝突時，國際原油市場價格出現劇烈波動的原因之一，就是歐美國家擔心支持巴勒斯坦的伊朗，會以更具體的行動封鎖荷姆茲海峽。

由近兩個世紀的產業變化中，不難理解，半導體供應鏈就是石油時代的印度洋航道，而台灣的半導體就是石油時代的荷姆茲海峽。誰能掌控台灣，誰就能掌控半導體供應鏈；誰能掌控半導體供應鏈，誰就能掌控全世界。

對美國的地緣戰略而言，在石油時代無法容許伊朗完全控制荷姆茲海峽，在新科技時代也無法容許中國取得半導體供應鏈的主控權。

事實上，東亞地區自二〇一〇年代之後，就開始進入美國與中國競爭的「新國際常態」。

美中競爭，不同的戰略「實力」轉變

中國在國家總體實力的大幅增長下，將第二次世界大戰後建立的國際體制與東亞地區的安全機制，包括國際經濟領域的國際貨幣基金組織（IMF），先進國家間合作機制的經濟合作暨發展組織（OECD）、七大工業國組織，以及區域安全領域的「島鏈戰略」等，都視為是既得利益國家對中國發展加諸的一種禁錮機制。美國則把當前的中國視為快速崛起的大國，以及最大的挑戰。

當崛起大國挑戰現有強國的國際霸權地位時，從歷史的發展來看，戰爭是不可避免的。如何掌控關鍵資源，用以牽制或阻止崛起大國的發展，進一步推動了二〇一八年的美中貿易戰。

在美國與中國的競爭過程中，既包括地緣政治主張的軍事「硬實力」，也包括地緣經濟強調的文化「軟實力」。當然，結合多元政策手段的「巧實力」，也一度受到美國政府的重視。至於中國，則是發展以資訊媒體實力為主的「銳實力」。

藉由國家「權力」組成與使用的分類，表達了一項重要的趨勢，那就是全球競爭的世界舞台上，經濟力、文化力、科技力已經等同於軍事力。而在權力的使用上，也從硬實力的武力相向、軟實力的影響說服，發展至巧實力的軟硬兼施，以及銳實力的洗腦滲透。

台灣獨特戰略能力——鏈實力

撇開美中之爭，位於東海、南海、台灣海峽與西太平洋等四海樞紐的台灣，在地緣政治、地緣經濟與民主自由的價值觀上，亦發展出獨特的國家權力來源——「鏈實力」。

台灣的鏈實力，包括了建立和強化「自我與島鏈防禦能力」、半導體高科技供應鏈的競爭力，還有與民主自由國際社會的鏈結力。以及建立在於地理上的連結點、產業上的關鍵點以及價值觀上的共通點。此一島鏈、供應鏈與民主鏈結，可視為一種從台灣觀點出發，結合區域形勢與全球發展的新台灣地緣戰略觀。

第二章
掌握半導體者，掌控世界

Chapter
2

◆為何台灣大地震，美股大跌

一九九九年九月二十一日凌晨一時四十七分，台灣中部山區發生芮氏規模七．三的大地震，造成兩千四百餘人罹難，也導致全台電力設施嚴重受損，彰化以北的地區全面停電。當時，位於新竹科學園區的台積電被迫中斷生產線，下游的半導體零組件也無法出貨。

這場台灣人記憶猶新的九二一大地震發生當下，太平洋的彼岸，正是美國股市交易時間，市場聞訊後，在美國紐約證券交易所上市的台積電美國存託憑證（ADR）頃刻下跌九％。

隔天，多位國外資訊大廠的代表都緊急飛往台灣，進一步了解竹科廠區最新狀況，「何時才能恢復生產、正常供貨」？而因為台灣半導體供應鏈的中斷，美國AMD、賽靈思等廠商也面臨嚴重的零組件短缺。影響所及，九二一地震之後的一個月，費城半導體指數下跌了近一三％。

為什麼選擇半導體？

時間回溯至一九七〇年代，台灣產業成功從農業轉向初級工業，戰後初期以農產品出口為主的貿易結構，已逐漸被紡織、鋼鐵與石化業取代。然而，初級工業的下一步，要選擇什麼樣的新興產業來持續推升台灣的經濟？

當時的台灣政府注意到，美國正在快速發展電子資訊產業，認為這是一個具有發展前景的新興產業，於是透過國家的主導發展積體電路產業。起初先以財團法人方式設立工業技術研究院（簡稱工研院），並由行政院成立「電子技術顧問委員會」，啟動第一期RCA半導體技術移轉計畫，由計畫執行單位的工研院，與美國RCA公司簽訂積體電路技術移轉授權合約，正式將半導體技術引進台灣。

以工研院電子所的技術為核心，在新竹打造全台灣第一座積體電路示範工廠。並於一九八〇年協助成立聯華電子（簡稱聯電），一九八七年協助成立台灣積體電路製造（簡稱台積電）等專業半導體企業。

在政府政策的長期支持下，台灣的半導體產業從一九七〇年代的下游封裝業，逐漸發展成以晶圓製造為核心，包含上游IC設計與下游封裝測試的完整半導體產業聚落。

在國際政治經濟動盪的一九七〇年代，台灣選擇半導體產業作為國家戰略的一環，主要原因包括：政治外交的變局、石油危機的衝擊、飛彈自主研發的需要、經濟產業的升級等。

其中，台灣軍事武器研發中心的中山科學研究院（簡稱中科院），在一九七八年正式取得以色列加百列飛彈技術的移轉，開發雄風一型反艦飛彈時，從中理解到半導體晶片對飛彈的重要性；加上美國決定於一九七九年與台灣斷交，更強化了台灣本土自行生產半導體晶片的決心。

半導體成台灣經濟命脈

進入二十一世紀之後，台灣的半導體產業產值已占台灣GDP的二〇％。根據二〇二一年的半導體產業年鑑，台灣的半導體企業約兩百八十餘家，相關從業人員近二十九萬人，已然是台灣的經濟命脈。而半導體產業的技術與製造能力，也讓台灣在國際政治舞台上獲得話語權。

根據二〇二二年統計資料顯示，全球半導體產業發展半世紀來，市場已成長至五千七百億美元。其中，台灣的半導體產業產值超過一千六百億美元，占全球半導體市場的四分之一以上，位居全球第二。同年一月十七日，台灣晶圓製造龍頭企業的台積電，全球市值一度躍上全球第八。在當天全球市值前十名的企業中，只有排名第三的沙烏地國家石油公司，以及排名第八的台積電不是美國企業[2]。

除了以台積電為代表的晶圓製造，在全球半導體供應鏈上扮演著極為重要的角色的台灣企業，還包括聯電、環球晶、聯發科、瑞昱、南亞科、華邦電、旺宏、日月光、矽品等。

一般來說，全球半導體供應鏈大致上可分為兩大區塊：

第一塊是半導體設備與材料的供應鏈。以美國的應用材料（關鍵材料）、荷蘭的ASML（光刻機）、美國的Lam（蝕刻機）、日本的東京威力（熱處理成膜設備）等公司為主力。此外，日本企業在半導體的前段工序中，主導了四分之三以上的半導體材料。包括矽晶圓、光阻劑（光刻膠）、蝕刻氣體（氟化氫）、感光材料在內，日本企業的市占率均在六成以上。

第二個區塊是半導體的生產供應鏈，是在設備與材料的支援下，進行晶片設計、晶圓製造、封裝與測試。台灣擁有全球最完整的半導體產業聚落及專業分工，包括在上游的IC設計、中游的晶圓製造以及下游的封裝測試，台灣都有可主導與影響供應鏈的國際級企業。此外，台灣半導體產業的垂直分工、產業群聚與生產模式，具有彈性高、速度快、低成本與客製化的半導體生產優勢。

晶圓製造一條龍產業聚落

在上游的IC設計領域，目前仍以輝達、高通、AMD等美國企業獨占鰲頭。IC設計公司提供不同規格與效能的積體電路圖，給下游廠商選擇，確定後交由晶圓製造公司生產。因為功能與訊號傳輸的差異，晶片可分為記憶體IC、微元件IC（物聯

2　二〇二二年一月十七日當天，全球市值位居前十的美國企業：排名第一為蘋果，接著微軟第二、谷歌（Alphabet）第四、亞馬遜第五、特斯拉第六、臉書（Meta）第七、波克夏海瑟威第九、輝達（NVIDIA）排名第十。

圖表2-1. 台灣的半導體產業鏈

製造階段	說　明	代表公司
上游：IC設計	進行晶片的電路設計	聯發科、聯詠、瑞昱
中游：晶圓製造	將IC設計的電路圖，轉移到半導體晶圓上	台積電、聯電、旺宏
下游：封裝測試	對製作好的晶圓進行封裝與測試	日月光、矽品

網用）、類比IC（車用）、邏輯IC（中央處理器、智慧手機系統）。在美國主導的IC設計領域中，台灣仍有四家企業進入前十名，分別是聯發科、聯詠、瑞昱以及奇景光電。

中游的晶圓製造領域中，記憶體IC由韓國的三星、美國的美光主導；類比IC以美國的德州儀器為龍頭。但資通訊系統中最重要且關鍵的邏輯IC，超過九成由台灣半導體廠商主導。其中，台積電為全球第一晶圓代工廠，市占率約為五成五。聯電排名第三，市占率約為七％。除了台積電與聯電之外，世界先進、力積電等企業也在不同製程與產品領域具備優異的生產製造實力。製造完成的晶圓，則是交由封測廠商切割、封裝與測試。

另外，下游的封裝測試領域，全球前十大封測廠商中，台灣囊括六家，合計占全球的五成以上。其中，日月光的市占率超過二七%。力成、京元電子亦是重要的封測廠商。此外，有許多供應封裝所需材料的企業，如提供金線與導線架的長華電材，供給IC載板的欣興、景碩，供應模封材料的長興化工等台灣企業，共同支撐全球半導體封測產業的發展。

總的來說，台灣的半導體產業是以晶圓製造為核心，不僅結合上游的IC設計，也同時延伸至下游的封裝測試（見圖表2-1），發展出最具競爭力的半導體產業聚落。過去三十多年來，從晶圓製造重鎮的新竹科學園區為中心，不斷向外輻射至台中科學園區、台南科學園區等地。

◆煤鐵、石油、半導體

在近代民族國家發展史上，爭奪資源常是發生戰爭的背景或原因之一。

早在一九三〇年代中期之後，為了遏制日本軍事擴張的威脅，美國（America）、英國（Britain）、中國（China）與荷蘭（Dutch），對日本進行貿易制裁與經濟封鎖。對於軍事工業所需的戰略物資，包括石油、鐵、錫、鎳、橡膠等，組成所謂的「ABCD包圍網」封鎖日本。

於是逼得日本與美國、英國談判，要求解除貿易制裁與經濟封鎖。英美兩國提出日軍撤出中國、廢除日德義三國同盟、承認重慶國民政府等主張，要求日本遵守。在談判未果的狀況下，日本決定發動太平洋戰爭，以武力突破ABCD的資源包圍網。

在歐洲，德國的希特勒也因為資源匱乏，於一九四二年夏季在蘇聯南部實施「藍色行動」的戰略性進攻。當時德國所倚靠的石油來源被美國、英國阻斷，只能依賴羅馬尼亞的油田，但是一九四一年底，該地油田已無法滿足德國對石油的需求，於是德國計劃奪取蘇聯高加索山附近的油田。

一九四二年五月開始啟動的藍色行動，這場歷經半年的「史達林格勒戰役」，是近代歷史上傷亡最大的單場戰役之一，雙方陣亡人數超過七十萬人。

為搶奪戰略資源，歷史一再重演

煤、鐵、石油等戰略物資的重要性，也持續成為第二次世界大戰後地緣政治的關鍵。

對歐洲地區的國家來說，兩次的世界大戰都出現各國為了爭奪戰略資源而進行的嚴峻對抗，導致戰事擴大。因此，戰後的法國、西德、義大利、比利時、荷蘭及盧森堡等六國，決議成立「歐洲煤鋼共同體」，共同掌管煤鋼等重要的戰略物資，除了為戰後重建提供基礎建設物資之外，也透過互相控制煤鋼的生產、流通與分配，來確保歐洲內部的和平。

在「歐洲煤鋼共同體」的基礎上，各簽約國於一九五七年三月簽署「歐洲經濟共同體條約」以及「歐洲原子能共同體條約」，成為日後成立歐盟的基礎。

對美國來說，掌控石油的生產與流通，是維持戰後主導世界體系的關鍵。因此，中東產油國地區即成為美國地緣政治的核心，而「石油美元」（Petrodollar）體制則是落實美國地緣政治影響力的重要工具。

美國一方面以軍事力量平衡以色列與阿拉伯國家之間的衝突，並加劇產油國對立和分歧，間接影響沙烏地阿拉伯等石油輸出國組織（OPEC）產油國的石油政策；另一方面則是在美元與黃金脫勾後，推動以美元結算石油交易的機制，結合全球最重要的資源與最重要的貨幣，建立了「石油美元」的全球影響力。

在煤鐵、石油接續成為戰後地緣政治的重要資源之際，科技的快速進展，創造了另一項足以作為大國競爭結果的新戰略物資，也就是目前世界各國激烈爭奪的「半導體」。

美國催生積體電路，卻在他國蓬勃

一九四〇年代全球第一顆電晶體在美國問世之後，逐步奠定半導體產業的發展。到了一九五八年，美國進一步研發出積體電路技術，並應用在國防產業上。特別在國防部、國家航空暨太空總署（NASA）的技術支持，以及IBM、德州儀器、美國國家半導體公司等大型跨國企業的改良生產下，美國在一九七〇年代壟斷全球半導體市場，一九七四年全球市占率更高達七三％。

時值日本正在推動由重化工業轉型至電子電機工業，在電器試驗所的垂井康夫團隊帶領下，開啟了半導體的研究。不同於美國發展軍事用半導體，日本著重的是**民生工業用半導體**。

日本企業一方面積極取得美國企業的技術支援，加強積體電路製造的能力，如NEC取得美國快捷半導體公司的授權；另一方面則是積極將半導體應用在精密機械與電子儀器中，如夏普將使用大型積體電路（Large Scale Integrated Circuits，LSI）的電子計算機推廣到市場，卡西歐、精工則推出電子錶等。

日本政府更將半導體視為日本製造業競爭力的關鍵，通商產業省（現經濟產業省，簡稱經產省）特別於一九七六年設立「超ＬＳＩ技術研究組合」，成為官方工業技術院電子技術綜合研究所與民間的技術合作平台，成功地規範日本半導體的標準化製程。

值得注意的是，一九七六年日本國內半導體的市場規模只有一千六百四十九億日圓，但投入「超ＬＳＩ技術研究組合」的金額竟高達七百億日圓，顯見日本政府與企業積極發展半導體的決心。

美國技術支援，養出對手「日本」

官民一體的合作模式，不僅降低日本半導體的研發成本與生產成本，也讓電子商品的微型化與高性能化發展得到相應的技術支援。此外，在日本政府的主導下，原本的富士通、日立、NEC、三菱電機與東芝等五家半導體競爭集團變成合資集團，進而提升全體半導體的國際競爭力。

日本靠著政府和企業的大規模投入，一步步拉近與美國在半導體領域的技術差距；日本對美國的半導體貿易，在一九八〇年開始出現順差。日本半導體大廠快速提升在全球半導體的市占率，美國半導體廠商則是陸續出現虧損。舉例來說，美國的半導體龍頭英特爾（Intel）此時出現上市以來的首次虧損，而被迫裁減兩千名員工。

針對日本半導體產業的快速發展，美國商務部於一九八三年二月提出「美國高科技產業競爭力報告書」，強調日本是美國高科技產業發展最主要的競爭國。報告書中並指出，一九六五年至一九八〇年的十五年間，美國的高科技產業只在飛機與電腦產業擁有競爭優勢，但在電子、光學、醫療機器、精密機械與汽車等產業，日本的競爭力已凌駕於美國之上。特別在半導體產業的發展上，無論是技術研發與生產製程，日本已經超越美國，成為半導體產業的領先國。

為了保護美國半導體的智慧財產權，同時牽制日本半導體產業的發展，美國於一九八四年五月通過《半導體晶片保護法》。英特爾與摩托羅拉（Motorola）隨即對NEC與日立提起侵權訴訟，開啟日美半導體摩擦的序幕。此外，美國半導體企業也控訴日本半導體企業違反「反傾銷」（anti-Dumping）相關法令，美國行政部門也立即對日本半導體企業進行調查。

在美國的壓力下，日本與美國於一九八六年九月簽訂《日美半導體協定》，日本同意半導體的售價不得低於美國商務部規定的價格，以及確保美國半導體在日本的市占率。

日美半導體摩擦，日本可以說不嗎？

在日美半導體摩擦的過程中，美國挾其強勢的經濟與外交作為，迫使日本不斷讓步。美國更在此一勝利的基礎上，一九八八年通過《綜合貿易與競爭法》，增設保護智慧財產權的「特別三〇一條款」。此後，日美的半導體摩擦逐步擴大到人造衛星、超級電腦等產業領域，助長了一九八〇年代末期「可以說不的日本」風潮。

一九八九年，日本SONY創辦人盛田昭夫和國會議員石原慎太郎共同出版《日本可以說不》一書，引發各界關注。書中主張，日本應該在包括經濟、外交在內的各個領域提高自主地位，以擺脫美國的控制現況，並舉半導體科技為例，強調日本的經濟與科技能力已足以影響世界局勢。

石原慎太郎認為，美國洲際彈道飛彈的精確度遠遠高於蘇聯——前者誤差值為十五公尺，後者為六十公尺，這是因為美國使用日本製的半導體。若是日本將半導體賣給蘇聯而非美國，美、蘇兩國的軍事優勢將因此逆轉。

《日本可以說不》一書出版後，美國政府立即私下翻譯成英文進行分析，足以顯示對此書的重視，而書中所提及的半導體，確實已經成為美國地緣戰略上的弱點。因為半導體不僅僅是工業製品中的關鍵零組件，支撐先進國家經濟的發展，更可作為提升本國軍事實力、箝制敵對國家武器性能的重要戰略資源。

特別是科技的快速進展，改變了地緣政治的戰略思維；在原本的陸地、海洋之外，航空與太空的爭奪已經變成取得優勢與否的重要競爭空間。而半導體在此一新的空間場域競爭中，是決定速度與精準度的關鍵。

此外，現代社會的系統運作，包括金融、交通、物流、通訊等，也都離不開內嵌半導體的電子設備。影響所及，**半導體乃繼煤鐵、石油之外，成為現代國家最重要的戰略物資。**

◆半導體改寫「新地緣政治」

二十世紀初開始受到重視的地緣政治，發展至戰後的冷戰時期，都是以陸權、海權競爭的假設，作為主要國家制定地緣戰略的理論基礎。

然而，一九七〇年代開始快速進展的大型積體電路、半導體技術，在本質上改變了地緣競爭的理論基礎。到了一九八〇年代之後，自然資源、出海港口、國家位置等現實地理環境因素，依舊主導地緣政治，但**半導體的出現，讓地緣政治的基本假設產生劇烈變化**。

「科技」顛覆傳統地緣政治

首先，**是空間思維與科技的變化**。

傳統地緣政治的立論基礎，建立在鐵道技術與航海技術，以及由此衍生的地理優勢與軍事運補、投射能力。而在陸地與海洋交通技術的制約下，陸權國家與海權國家之間存在著競爭關係。

在二十世紀中期之後，航空、導彈與人造衛星技術的發展，打破原本陸海競爭的對峙態勢，使得傳統地緣政治強調的領土與空間概念，調整為「速度」與「時間」。而落實地緣戰略的工具，也從強調**數量的優勢轉變為重視打擊的精準度**。

其次，**是國家互動關係的變化**。

傳統的地緣政治主張，以軍事競爭為主的對立關係，是國家互動的核心關係。但歷經全球化之後，各國之間在經濟層面的相互依賴成為常態。

以美國與中國關係為例。一九七二年兩國開始進行官方接觸之際，貿易額只有一千兩百八十八萬美元；到了美中建交的一九七九年，快速增加到二十四．五億美元。之後，在美國全力推動的全球化趨勢下，中國商品大量進入美國與全球市場，雙邊的貿易額每年以超過一〇%的幅度成長。

即便是中國與美國在國際政治上出現嚴重對峙的二〇二二年，兩國的貿易總額為六千九百億美元。中國已是美國第一大貿易夥伴，而美國則是中國的第二大貿易夥伴。

其三，是國力衡量基準的變化。

傳統地緣政治認定的國力，建構在國家基本要素，包括國土面積、人口與天然資源上的軍事力量。人口愈多，領土範圍愈廣，可掌控的煤鐵、石油等戰略資源愈豐富，國家的競爭力就愈強。

隨著國家現代化的發展與全球經貿一體化的趨勢，除了地理環境、軍事力量之外，包括經濟結構、科技發展與金融財政能力，均已成為評量現代國家國力的重要指標。

特別是自一九九〇年代以來，**軟實力**（如：國家在文化、價值觀、意識形態上的影響力）、**銳實力**（如：國家以資訊、媒體投射其權力與影響力）與**國家競爭力**（如：國家創造附加價值與永續經濟發展的能力），已經成為學者專家、一般大眾理解國家能力的重驗判斷基準。

經濟安全保障成新議題

上述變化呈現出一項重大趨勢，無論是在經濟、資訊、文化還是軍事領域，如何「**以科技將資源轉換成競爭優勢**」，既是判定國力的基準，也是制定地緣戰略的目標。而半導體則是在現代科技社會下，國家確保與強化競爭優勢的重要資源。

例如，半導體不僅涉及基礎科學、應用科學等科技研發能力，也是現代社會系統維持正常運作的基礎，更是建構資訊防護能力不可或缺的關鍵資源。因此，擁有半導體製造能力，或是掌控半導體的生產、流通與分配，即成為當代地緣政治最重大的議題。

值得注意的是，半導體對地緣政治的直接影響，是以「經濟安全保障」的概念

呈現。一般來說，經濟安全保障的內涵包括兩個面向：首先，是以經濟為手段來維護國家的健全與發展；此一層面所關注的議題，除了如何提升國家總體的經濟實力之外，對於資金、科技的管制，也被列為經濟安全保障的範疇。其次，是將經濟安全保障視為國家安全的根本目標；此一層面所關注的議題，主要是維持戰略性天然資源（能源與重要礦產）、戰略性社會資源（金融）與戰略性工業資源（半導體）的穩定供需關係。

最早關注經濟安全保障的國家之一，是天然資源貧乏、工業資源依賴進口的日本。若審視過去以來日本經濟安全保障的概念，大致可以分成四個階段：

第一階段是戰後初期至石油危機，主要以「政府開發援助」（Official Development Assistance，ODA）來擴大日本企業的海外市場。第二階段是石油危機至冷戰結束，以「總合經濟安全保障」來確保日本能源的穩定供給，並維護日本海上貿易路線的安全。第三階段是後冷戰時期至美中貿易戰，主要是透過區域經濟整合，與經濟夥伴國家共同主導區域和全球的經貿秩序。第四階段是二〇一八年後出現的新發展趨勢，重視以半導體為主的科技供應鏈，並以建立強韌供應鏈、提升國土的資通訊安全為目標。

進入二〇二一年之後，日本認為有必要建構強韌的供應鏈，進而構建自律型的經濟構造，並於二〇二二年五月規劃通過《經濟安全保障推進法》，將其經濟安全保障的政策概念，歸納為：**供應鏈的強韌化、確保基礎建設功能、專利的非公開化**，以及**前瞻科技的官民合作**等四大內容。

至於該法的重要戰略目標，是與夥伴國在高科技供應鏈、能源、醫療資源等「必要且須充分」（necessary and sufficient）的物資上，達成「戰略自主」（strategic autonomy）和「戰略不可替代性」（strategic indispensability）。而日本與夥伴國眼中「必要且須充分」的戰略物資，第一優先順位便是半導體。

台韓接棒代工，躍升關鍵供應商

只是日本半導體企業繼美日半導體摩擦、泡沫經濟後轉換了經營策略，再加上全球半導體企業分工模式逐漸形成，以往從設計、製造、組裝、測試與銷售都由單一企業完成的整合型生產模式，逐漸失去國際競爭力，遂轉而專注強化其在半導體材料與設備的優勢。至於原先半導體晶片的生產，轉由台灣與韓國的廠商代工。

接力晶片生產的台灣與韓國，則是在政府政策的支持、企業生產技術的革新與科技人才的充分供給等優越條件下，自二〇一〇年代後成為全球半導體晶片的主要生產地。

尤其台灣的台積電與韓國的三星，更成為主導全球半導體晶片供應的關鍵廠商。日本則是在矽晶片（silicon wafer）、光阻劑（photoresist）等材料，以及塗布機／顯影機（Coater/Developer）、針測機、晶圓切割機（dicing saw）等設備上，達到八成以上的全球市占率。

在二〇二三年五月舉辦的G7廣島高峰會前夕，日本政府邀請台積電、英特爾、美光、應用材料、三星、IBM以及IMEC的企業高層訪日，推動這些半導體大廠與日本的合作，以強化半導體的供應鏈。

而在G7峰會上，與會的日本、美國、法國、德國、英國、義大利、加拿大等七國元首，首度發表經濟安全保障領袖聲明，強調「非脫鉤、多元化、深化夥伴關係與去風險」的經濟安全保障戰略基礎，以及構築強韌化的供應鏈、對應經濟的威壓、防止重要新創技術的流出等戰略目標。

半導體供應鏈的重要性，成為先進國家共識

延續G7的經濟安全保障領袖聲明，歐盟也於二〇二三年六月二十日公布「歐洲經濟安全保障戰略」。歐盟關切的經濟安全風險，主要來自下列四個領域：一是供應鏈韌性，包括能源安全；二是關鍵基礎設施面臨的實體及網路安全風險；三是科技洩漏的風險；四是將經濟依賴關係、經貿脅迫武器化的風險。

由此可見，半導體供應鏈的穩定與否，已成為美國、日本在內的G7，以及歐盟等先進國家，認真思考經濟安全保障在地緣政治上的重要性與共識。同時，這些先進國家更積極採取具體的政策措施，來強化本國的半導體供應鏈，以達成國家發展與地緣戰略的目標。

至於在半導體供應鏈上扮演關鍵角色的台灣，即成為主要國家爭奪的對象。

◆台灣，牽動全球科技生命線

在全球半導體的供應鏈中，美國的市占率位居世界第一，強項在於垂直整合製造，如結合設計與製造的英特爾；無廠半導體製造，如以IC設計為主的高通（Qualcomm）、博通（Broadcom）、輝達等。

台灣在半導體供應鏈上，是僅次於美國的第二大供應國，特別在晶圓代工，如台積電、聯電；專業半導體封測，如日月光，市占率都位居全球第一。以晶圓代工為例，二〇二〇年台灣在全球晶圓代工市占率為七七．三%，更有高達九〇%的最先進製程晶片都在台灣生產。光是台積電一家公司，半導體代工市場中的市占率就達到六〇%，遠遠高於第二名的三星（市占率一三%）。

至於全球第三大半導體產業國是韓國，包括三星、SK海力士在內的企業，在動態隨機存取記憶體（DRAM）、快閃記憶體（NAND Flash）的全球市場，居於領先地位。

半導體「斷鏈」成全球產業惡夢

二〇一八年開始激化的美中貿易戰，揭開了「半導體」爭奪戰的序幕。原本在全球分工的架構下，美國的IC設計、日本的材料與設備、台灣與韓國的生產製造、中國的市場需求，推動了半導體產業的蓬勃發展。

但在科技冷戰、經濟安全保障的戰略思維下，半導體晶片儼然成為二十一世紀最關鍵的資源。尤其主要大國歷經了十九世紀的煤鐵與二十世紀的石油爭奪後，開始認真思考半導體晶片的儲備與掌控戰略。

只是人算不如天算，二〇二一年全球面臨大規模天然災害、傳染病威脅，造成半導體供應鏈「斷鏈」，更讓全世界充分認識到，全球經濟已經無法擺脫對半導體的依賴。

例如，二〇二一年二月十六日，美國德州因冬季暴風雪而出現大規模的電力故障，三星、恩智浦（NXP）、英飛凌（Infineon）的半導體工廠被迫停工。同年三月十九日，日本瑞薩電子（Renesas）位於那珂工廠生產線的設備，因發生火災而全面停工……。

上述半導體工廠多以車用半導體為主要製品，一輛普通汽車的生產製造約需一千五百個晶片，而強化資通訊系統的電動車更需三千個晶片。因此，生產線的停擺，導致半導體晶片短缺，迫使全球車商停工，造成當年全球汽車大廠減產七百七十萬輛汽車，損失約兩千一百億美元。

面臨晶片短缺的各大車廠，除了前來台灣尋求半導體晶片生產的緊急支援之外，各國政府也透過外交壓力、政策補貼等各項手段，讓台積電同意在其境內設立新的晶圓代工廠。

因為除了電動車產業之外，包括5G、人工智慧（AI）、擴增實境（AR）、虛擬實境（VR）、深度學習在內的未來應用，均帶動智慧手機、資料中心、雲端處理、自動駕駛等設備需求。屆時各國對半導體晶片的依賴程度更甚，而擁有對此稀缺資源的自主權，將是未來國家發展的關鍵議題。自此，以台積電為代表的台灣半導體，立即成為全球爭奪的對象。

台積電支援，赴日、美、德設廠

以汽車製造為核心產業的日本為例。半導體供應鏈的「自主化」課題，影響了日本國內五百五十萬個汽車產業相關就業機會。有鑑於此，日本為了建立可承受國際政治經濟環境劇烈變化的半導體供應鏈，以及強化半導體產業在全球市場的競爭優勢，遂於二〇二一年六月制定《半導體戰略》，作為重新打造日本半導體供應鏈的指導方針。

其中，由日本政府出資四千億日圓，補助台積電於日本熊本縣設立二十二／二十八奈米的製程的十二吋晶圓工廠，是日本半導體戰略中最重要的具體政策，也顯見台灣在半導體製程、以及高科技產品的製造能力，已成為日本思考經濟安全保障時不可或缺的夥伴。

台積電也前往美國亞利桑那州設立晶圓廠。與日本熊本廠生產的車用晶片不同，台積電在美國的兩家晶圓廠，計劃生產四奈米與三奈米的高階邏輯晶片，主要用於提供軍工產業所需。還有德國也透過政策補貼，吸引台積電前往德國，與博世

（Bosch）、恩智浦、英飛凌等企業成立合資公司，在德國德勒斯登（Dresden）興建晶圓廠生產車用晶片。

台灣半導體產業聚落優勢難取代

然而，台灣在半導體供應鏈上的競爭優勢，短期不會因為各國引進台積電的生產線，以及積極透過政策補貼本國企業，而出現任何重大變化。

因為台灣不僅擁有水電成本、人力成本的優勢，以及政府在政策與制度上的大力支持；更在島內南北三百公里的短距離中，整合了包含IC設計、晶圓代工及封測的完整半導體鏈。

當國際半導體材料出現激烈變動時，台灣半導體完整的產業群聚可直接相互支援，不致受到影響。比起日本與歐美的垂直生產模式，分工細緻、廠家靠近的台灣半導體產業聚落的生產時間足足快上一倍以上。在可預見的未來，台灣依舊是全球半導體供應鏈的核心。

此外，全球經濟與產業的未來發展，將快速進入國家戰略與競爭的層面。包括未來的移動科技，舉凡電動車、自駕車、氫能車、航空器等；通訊科技的5G與6G次世代通訊、低軌衛星；AI科技，如物聯網、雲端、大數據等，最關鍵的核心就是設備裡的半導體晶片。

不管是系統的心臟（動力）還是大腦（計算中心），都必須依賴功能強大的晶片才得以運作。特別是系統整合晶片（system on chip）已經成為不可逆的趨勢，未來所有的系統功能將完全整合到晶片內，半導體晶片本身就是系統。只要有能力取得功能強大的晶片，就可以讓系統運作效率大幅提升，讓國家、企業變成各個專業競爭場域的贏家。

第三章

台灣三鏈一體「鏈實力」

Chapter

3

◆島鏈、供應鏈與民主鏈

二〇一九年，日本令和天皇即位大典上，請出代表天皇的三件神器，包括象徵智慧的八咫鏡，象徵力量的天叢雲劍（又名草薙劍），以及象徵仁心的八尺瓊勾玉。由於「三神器」的高知名度，日本在經濟高度發展的時代，也把推動經濟成長的關鍵商品，稱為三神器。包括：一九五〇年代的黑白電視、洗衣機、冰箱；一九六〇年代的彩色電視機、冷氣機、汽車；以及二十一世紀初期的數位相機、DVD播放錄影機、液晶電視。

對台灣來說，沒有代代相傳的三神器，但有足以媲美的「**護國神山**」。地理上的護國神山，是以「**玉山**」為代表的中央山脈，屢次降低來自太平洋的颱風威脅；經濟上的護國神山，是以「**台積電**」為代表的半導體產業，近年成為台灣戰略價值的核心。

事實上，台灣的地緣戰略還有另外兩項神器：一項是東亞島鏈上的防衛力，另一項是亞太海洋民主國家的鏈結力，匯集半導體供應鏈、東亞島鏈以及民主鏈結等三種「神器」，形成了台灣獨一無二的「鏈實力」。

台灣「三鏈一體」的大戰略思考重點

在地理上，從北太平洋千島群島開始，向南經日本本島、琉球群島、台灣，菲律賓群島到加里曼丹島等西太平洋島嶼，也就是「第一島鏈」（The First Island Chain）.,而台灣就位於第一島鏈中央。

第一島鏈上的台灣，是中國擴張海洋權力必經的通道，也是美國阻止中國進入西太平洋的要塞。但是，在美日眼中的「台灣」，到底是夥伴關係，還是風險？面對大國的戰略規劃，台灣如何以自己的地緣戰略配合大國的地緣戰略？必須同時關注下列三項重點：

重點一，**必須具有明確的地緣政治與安全保障的意涵。**

台灣與中國的關係在一九八〇年代後期出現緩和，也發展出緊密的兩岸經貿關係。但自二〇一〇年後，中國軍事力量的崛起與其在東海、台海、南海等周邊海域的積極活動，不僅直接對台灣形成重大的安全威脅，也讓印太地區的美國、日本、印度、澳洲等國逐漸形成共同的軍事戰略課題。

因此，台灣的地緣戰略，必須先將台灣海峽的風險，轉化為與美日等國進行戰略夥伴合作的契機；並且在強化自身防衛力量的同時，與中國維持一定的互動關係，以即時因應各種突發的安全情勢變化。

重點二，必須同時強調地緣經濟的重要性。

過去十年，亞洲地區旺盛的經濟活動中，中國與印度占的比重日高。對台灣經濟來說，以中國為生產基地的供應鏈，以及十四億人口的龐大市場，其重要性在短期內無法被取代。

此外，台灣並沒有強力的政策手段，如美國對中國商品課以高關稅、日本限制精密設備出口中國等，導致中國因素成為台灣經濟安全的最大變數與風險。

過去在美日的地緣經濟戰略考量中，與貿易、能源供給有關的「海上生命線」是重要議題。二〇一八年之後，高科技產業供應鏈的重要性受到關注。對台灣來說，美日重視的「海上生命線」，同時也是台灣的「海上生命線」，應可採取共同行動來確保航線的自由安全。但在高科技供應鏈有關的經濟生命線，台灣應該要有符合自己經濟發展戰略的考量。

重點三，要鏈結自由民主體制的海洋國家定位。

包括美國、日本、澳洲在內，關注西太平洋地區的國家，都是自由民主體制的海洋國家，但這些國家所強調的印太戰略議題，大多圍繞著地緣政治與地緣經濟。然而，面對中國的威權體制，自由民主體制的台灣是一個鮮明的對比。因此，台灣的地緣戰略中，要進一步闡述台灣屬於海洋民主國家、自由與繁榮之弧的一員；並以自由民主的價值觀，建立與中國競合的戰略構想。

以傲人「鏈實力」力抗中國威脅

值得注意的是，美日的地緣戰略基礎建立在「中國崛起」的現實與趨勢發展。在可預見的未來，此一大戰略的「遏制中國」，本質不致出現改變，改變的只是採取的政策手段而已。

以日本為例，安倍晉三政權初期的地緣戰略，在沒有美國的強力支持下，只能

圖表3-1.美日的東亞地緣戰略本質與政策手段

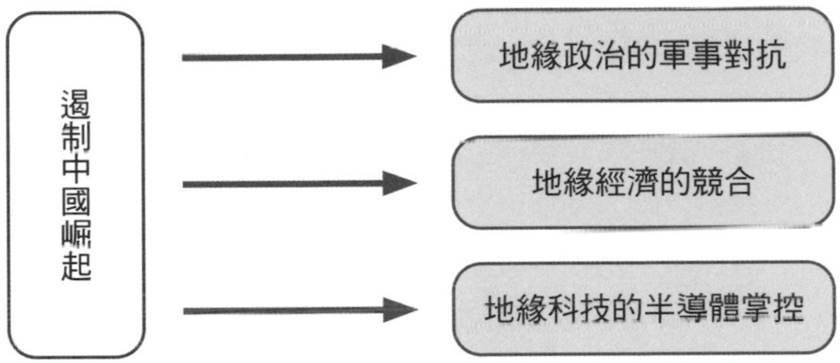

選擇「對抗中國」的政策手段。但在川普上任後，美日的地緣戰略增加了新的政策手段，包括在經濟貿易上牽制中國的一帶一路戰略。二〇一八年之後，隨著半導體供應鏈的關鍵角色受到注視，美日的地緣戰略又多了一項政策手段，即對中國進行半導體科技圍堵（見圖表3-1）。

相較於美日東亞地緣戰略的本質、戰術手段思維，台灣的地緣戰略像是由內而外的三層同心圓（見圖表3-2）。

最外圈是**海洋國家自由民主鏈結**。民主自由屬於普世價值觀的核心概念之一，擁有國際輿論的高度影響力。因此，除了要確立台灣的海洋國家定位之外，更要透過此一戰略價值觀，與其他自由民主海洋國家建立合作機制，與國際社會共

圖表3-2.台灣「鏈實力」的地緣戰略

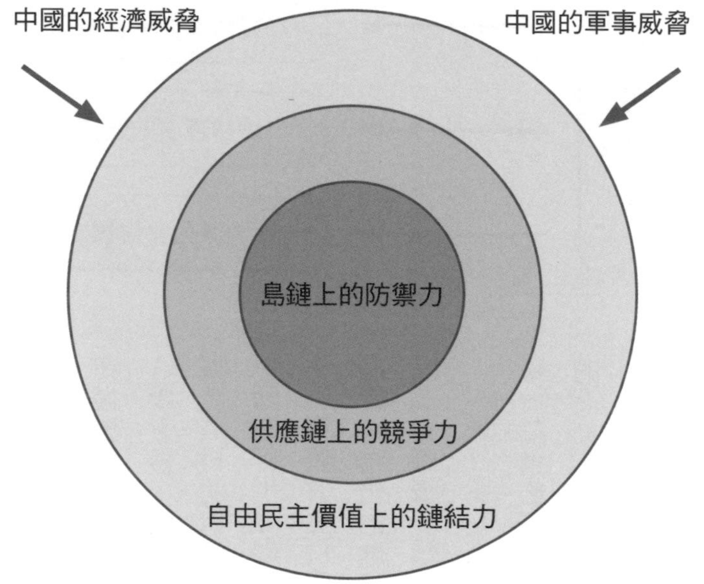

享的民主自由價值鏈，進可參與美日為首的印太戰略構想，退可取得國際社會的安全支持。

第二圈是以半導體為主的**高科技供應鏈**。半導體成為全球最重要的戰略物資，除了半導體之外，台灣在高階雲端伺服器、主機板、光學鏡頭、印刷電路板等電子與資通訊產業的供應鏈上，也扮演著關鍵角色。藉由強化高科技生產製造的能力，台灣不僅可在印太區域建立地緣經濟的優勢，更可在全球供應鏈重組過程中取得一定程度的主導權。

最內圈的圓心是建立**防禦優勢**，以嚇阻中國武力犯台的意圖。台灣必須因應東亞局勢發展，進行軍備、兵員、後備與訓練等防衛體制的調整與強化；善用第一島鏈的關鍵地位，積極參與區域安全網絡，與利害關係國建立具體互動機制。

美國圍堵中國海線要衝

從地理位置上來看，台灣使位於第一島鏈的中央。面對新興霸權中國的崛起，以及既有霸權美國的戰略因應，台灣被視為衡量雙方權力上升或下降的指標之一。換言之，**台灣問題的背後，是中國與美國在西太平洋地區海權上的競爭**。

打開台灣近代史，自十七世紀開始，荷蘭與西班牙就把台灣視為前進明帝國的貿易轉運站。之後，鄭成功進占台灣，作為進取退守與抗衡清帝國的根據地。清帝國於一六八三年攻領台灣後，認其可在海上協助防衛江、浙、閩、粵四省，而將台灣納入版圖。到了大日本帝國時期，連結樺太（即庫頁島）、琉球、台灣，形成包圍中國的布局。直到國民政府時期，仍將台灣視作前進中國的反共復興基地。

也就是說，在近代的發展過程中，台灣除了是掌控東亞地區航線的要衝之外，也是影響、前進與包圍中國的地緣政治跳板。

在防禦「第一島鏈」的戰略思維下，美國以日本群島、琉球群島、台灣島、菲律賓群島作為圍堵中國的戰略布防；而台灣北部的宮古海峽與南部的巴士海峽，則被視為中國可能突破第一島鏈的關鍵海域。因此，除了防衛領土的國家能力之外，台灣也必須擁有配合日美安保體制的戰略協防能力。

若台灣的綜合國力太弱，或本身缺乏防衛台灣海峽安全及海線交通的能力，對美國的戰略價值就會降低。若缺乏美國的支持，台灣的領土與主權防衛，就會受到來自中國的嚴重且立即之威脅。

二次世界大戰以後，受到冷戰體系，以及東亞經濟快速發展的影響，台灣的國家利益主要圍繞著主權與領土安全、經濟利益以及東亞區域的穩定。由於位於島鏈樞紐的地理位置，以及直接面對中國的威脅，為了落實台灣的國家戰略目標，軍事實力扮演了重要的角色。

中國突圍走向海權必經之路

台灣的軍事實力在全球排名一直在二十名上下。依據軍事網站《全球火力》（Global Firepower，GFP）的資料，二〇二三年全球軍事實力排行榜，前三名依序是美國、俄國與中國。台灣近年的名次分別是二〇二一年的二十二名、二〇二二年的二十一名，以及二〇二三年的二十三名。

在東亞國家中，台灣位在中國（第三）、韓國（第六）、日本（第八）、印尼（第十三）、越南（第十九）等國家之後。然而，在特定的領域，台灣的軍事實力獲得一定的評價。例如，台灣的「空中實力」全球排名第八，「可用後備軍人數」全球排名第一。

此外，台灣擁有六千枚的防空飛彈，飛彈密度全世界排名第二，僅次於以色列。台灣也投入國防預算自主研發海鯤級潛艦，預計將以八艘自製潛艦，加上外購的兩艘劍龍級潛艦組成艦隊，在台灣周邊海域，包括巴士海峽與宮古海峽，抗衡並箝制中國海軍的戰略侵擾。

至於中國的眼中，台灣是連結東北亞與東南亞的要衝，與其周邊的台灣海峽、巴士海峽與宮古海峽，對中國的國家安全有重大的戰略價值。就地緣戰略的角度而言，中國從陸權朝向海權大國發展的戰略藍圖上，台灣是必經之路。

若中國取得台灣，將可在東南沿海建立海上屏障，維護海上航線與確保海洋權益，亦可藉此突破美國與日本建構的第一島鏈，朝向真正的海洋國家發展。反之，除了導致其海權發展受阻，也意味著中國將持續受制於美國與日本的圍堵。

◆ 台灣躋身海洋民主國家之列

冷戰時期的「海洋民主」國家，是「大陸威權」國家的對立概念。特別在亞太地區，以美國為首的海洋國家，包括日本、台灣、菲律賓、印尼在內，都被視為與中國、蘇聯（俄羅斯）對抗的海洋民主國家。而這些國家的地理位置，都與東亞島鏈重疊。

在地理位置上，台灣屬於歐亞大陸東岸的「島嶼／海洋國家」；在政治體制上，台灣屬於民主國家，並在二十一世紀成功完成政黨輪替，邁入成熟民主國家陣營；在經濟發展上，重要戰略資源因受限於地理因素，台灣必須仰賴對外貿易。被視為**海洋民主國家陣營的台灣，要如何思考自己的國家利益？**

海洋國家組民主、貿易大聯盟

海洋民主國家的國家利益，大致可依海洋地理、民主聯盟與貿易網路三個面向來討論。

首先是「海洋地理」，儘管擁有天然的屏障與良好的通商環境，但海洋民主國家缺乏自然資源與國土戰略縱深，為了尋求安全的海洋航線與安定的海洋環境，會透過經濟資源的取得與科學技術的發展，來保障國家安全。

其次是「民主聯盟」，由於海洋面積遠大於陸地，因此海洋民主國家傾向結成聯盟，以民主、人權、法律支配等價值觀為合作的基礎，共同建立海洋秩序。例如：日本提出的「自由與繁榮之弧」，該戰略是以日本為起點，經由東南亞、中亞到中歐及東歐，這些享有相同價值觀的國家，連成一條弧線包圍著歐亞大陸。

最後是「貿易網絡」，在全球化過程中，透過自由貿易體制形成經濟互賴關係與貿易網絡，曾被視為創造共同繁榮的唯一途徑。然而，在美中貿易戰下，科技供應鏈重組，衝擊海洋民主國家形成新的貿易網絡。

台灣轉向海洋國家認同，啟動南向政策

除了海洋空間的因素，台灣的「國家認同」更主導了對於國家利益的思考方向。

冷戰時期，在《中華民國憲法》的架構下，台灣對於領土與主權的論述，包括中國大陸全土。二〇〇〇年之後，國家認同開始與冷戰體系、憲法架構脫鉤，最顯著的變化之一，就是在思考領土、主權防衛之際，逐步朝向海洋國家傾斜。

另外，二次世界大戰之後，台灣的經濟貿易結構鑲嵌於美國的亞太戰略之中，受到美國經貿外交政策的直接影響。此一時期，台灣從日本輸入原料零組件和關鍵技術，加工後再輸往美國市場，形成緊密的台日美三角經貿關係。

到了一九七〇年代，隨著日中、美中關係的正常化，台灣在國際政治上的國家定位遭受嚴重挑戰，「經濟」在國家利益中的角色益形重要。一九八〇年代中期之後，在中國改革開放政策下，台灣的製造業供應鏈開始快速移轉西進。而在兩岸經貿關係密切往來的一九九〇年代，台灣也在國家認同轉變的過程中，開始以海洋國家的思維來思考對外經貿關係。

以一九九四年發布的《加強對東南亞地區經貿工作綱領》為開端，台灣啟動了三波的南向政策，分別是李登輝、陳水扁與蔡英文主政時期。主因除了東南亞資源豐富、人口眾多且具地緣鄰近性之外，還包括以南向政策維護台灣的經濟主權，進一步與海洋民主國家發展政治經濟關係等。

此外，台灣的能源有九十．九%靠海運進口，糧食則有六六．七%靠海運進口，海運運量占全球的二．一八%……。台灣的主要海線交通航道中，東海、巴士海峽與南海，都是與周邊國家貨輪必經之鄰近海域。

對台灣而言，一旦海運遭致封鎖切斷，不僅貿易會出現極大衝擊，發電廠也將缺乏燃料無法供電，糧食安全更會受到嚴重威脅。至於如何與台灣合作，共同建立在鄰近海域的執法能力，確保貿易航線的安全，亦是相關海洋民主國家思考台灣戰略價值時，一個重要的切入點。

◆科技新台灣對決紅色供應鏈

二〇〇八年，面對珠江三角洲的發展瓶頸，中國提出「騰籠換鳥」的策略，主要目的是要透過一整套的政策規劃，調整產業的架構；把「傳統製造業」換出去，再把「先進生產力」換進來。之後，廣東省的「騰籠換鳥」策略擴及至長江三角洲地區。

在中國的全力推動下，產業的升級轉型達成一定成效。然而，當時在中國的台灣企業多以低階技術的勞力密集型企業為主，是被轉移出去的對象。而中國企業的產品快速地替代台灣的零組件、半成品，形成「紅色供應鏈」。

台灣製造，是全球供應鏈要角

由於台灣在國際社會的處境特殊，經濟利益一直是最重要的國家利益。一直以來，不斷透過產業政策與經濟外交，讓台灣企業在全球產業供應鏈上扮演重要角色，強化台灣的國際競爭力。時至今日，包括半導體、資通訊、電子、紡織、運動用品、汽車零件等產業領域，台灣已成為全球相關供應鏈的關鍵國家。

然而，中國卻透過「騰籠換鳥」的策略，來替代部分台灣的供應鏈廠商，同時在「中國製造二〇二五」策略下，加強中國在高科技產業中的全球供應鏈角色，並減少對外國技術的依賴。只是該策略主要是透過政府的補貼、無視智慧財產權、收購國外高科技企業等作為，以建立中國在高科技供應鏈的優勢，因而引起美國的疑慮，這也成為美中貿易戰的背景原因之一。

在對抗「中國製造二〇二五」策略之際，台灣在半導體與資通訊供應鏈的角色，受到全球的關注。這兩項產業都是在一九八〇年代之後快速發展起來，足以代表台灣關鍵地位的科技供應鏈。目前台灣是半導體與資通訊產業最重要的群聚地；

部分供應鏈是由「台灣製造」，而部分供應鏈是由「台商製造」。

在台灣的半導體供應鏈中，無論是晶圓代工、IC專業封測都是全球第一，IC設計則位居全球第二，記憶體位居全球第四。在資通訊供應鏈中，包括筆記型電腦、電纜數據機、伺服器主機板和無線路由器，台灣都是全球第一。除了在這些供應鏈中扮演極為關鍵的角色之外，也直接影響相關產業的發展。包括行動裝置、人工智慧、自駕車、物聯網等。

紅色供應鏈來襲，東亞新賽局起跑

對台灣而言，地緣戰略概念下最重要的便是維持與強化高科技供應鏈的關鍵影響力，以及建立與周邊國家的自由貿易網絡。

雖然在地緣政治主導的二十世紀，美國與日本是台灣最重要的貿易對象國家。但到了地緣經濟日漸受到重視的二十一世紀，台灣的經濟利益開始轉移至中國與東南亞市場。

當中國崛起與紅色供應鏈成形之後，強化台灣高科技供應鏈的競爭力與參與區

圖表3-3.台灣的國家利益架構圖

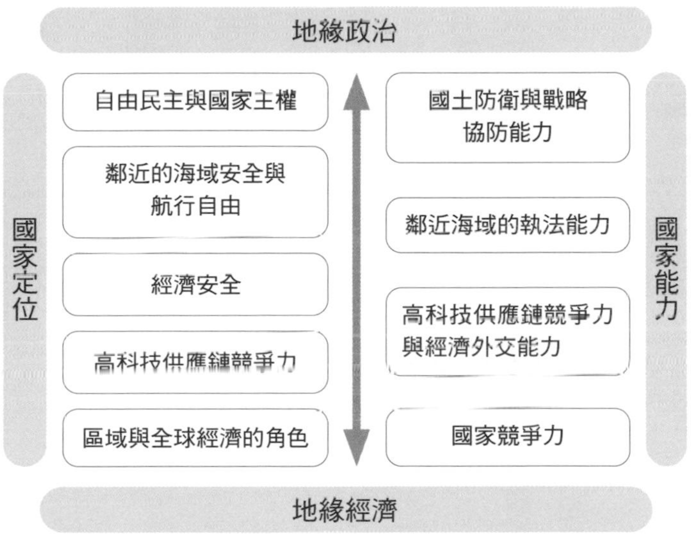

域經濟整合，進而尋求全球供應鏈上的新戰略位置，成為建構國家能力、落實國家利益的核心考量。

總而言之，台灣的國家利益組成中，自由民主、國家主權、鄰近海域安全與航行自由，是傾向地緣政治的國家認同；所依據的國家能力，則是國土防衛能力、戰略協防能力、以及鄰近海域的執法能力。至於經濟安全、高科技供應鏈競爭力、區域與全球經濟的角色等思維，則是傾向地緣經濟的國家認同；而其對照的國家能力，則是高科技供應鏈競爭力、經濟外交能力與國家競爭力（見圖表3-3）。

國際學堂

認識國家利益

國際關係學者傾向把國家利益區分為不變的「生存利益」（survival interest）與可變的「主要利益」（major interest）。然而，國家利益關注的生存與發展價值，會隨著國民對於政治共同體的認同、國家對於主權歸屬以及所在區域，以及其對國際扮演角色的思考而變動。

因此，定義國家利益之所在，是思考國家的地緣戰略時一個重要的前提。簡單來說，國家利益是與國家生存發展密切相關的國家價值，會受到「國家定位」與「國家能力」影響而變動。

所謂的國家定位（national status），包括與主權歸屬有關的國家認同，以及在國際體制內的國家角色。國家對於其主權的行使認定，以及在區域與國際中扮演的角色，會直接影響其對國家利益的認定。

國家能力（national capacity），對內是指國家的統治能力，也是執行國家權力的能力；對外則是落實國家戰略目標的能力，經常與國家競爭力相提並論。國家能力的建構與行使，除了受到國家內部的政治、社會、經濟等結構因素影響之外，也受到國際體制的制約。

第四章
東亞地緣政治的誘惑

Chapter 4

◆ 二十七個足球場大的小島之爭

二十世紀的全球地緣政治快速重組，東亞島鏈的重要性不言而喻。這些島嶼看似破碎，卻是大國角力關鍵點，日韓之間也有個爭議小島。

二〇一二年八月十日，韓國總統李明博搭乘直升機登上獨島（日本稱竹島），成為首度登上該島的韓國總統。而主張擁有該島主權的日本，隨即召回駐韓國大使以示抗議。這讓一九八〇年代以來就存在的日韓領土主張爭議，發展成日韓兩國的外交爭端。

竹島（獨島）位於韓國與日本的中間，是由東、西兩個小島與十四塊岩礁組成，面積僅〇．一八平方公里，大約等於二十七個足球場大。從地理的概念來看，竹島（獨島）本身並沒有沃土等陸地資源，也不在重要的海上航線上，海底雖然「可能」藏有石油、天然氣、稀有金屬礦床等天然資源，但該島周圍終年海流洶湧，海象不利於海底資源的開採。

目前竹島（獨島）稱得上的經濟價值是漁業資源，是日韓之間的傳統漁場。然而，從過去以來，從日韓雙方表述的立場、引述的證據，以及強調的價值，漁業資源都不是最重要的關鍵。

日韓舉史籍記錄各自表述

事實上，**日韓兩國在意的，主要還是歷史上的民族情結**。韓國與日本都強調，自己的歷史文書中有該島的記載，當時韓國引用一四一七年的《太宗實錄》，日本則是引用一六六七年的《隱州視聽合記》，並依據各自的記載主張擁有該島的主權。

但最大的爭議點在於，**第二次世界大戰後，戰敗國日本所放棄的占領地，是否包括竹島（獨島）？**

一九四六年一月，盟軍最高司令官總司令部（GHQ）發布六七七號訓令，將竹島（獨島）連同鬱陵島一同交由駐韓美軍管轄，韓國依此主張獨島屬於自己領土的一部分。

一九五〇年六月韓戰爆發，改變了東北亞地區的領土版圖。隔年七月，聯合國總司令部備忘錄（SCAPIN）第二一六〇號文件，指定竹島為美軍的海上轟炸演習地區，並於一九五二年七月由日美聯合委員會和日本外務省通過。由此，日本主張聯合國已將竹島視為日本的領土。

然而，於一九五一年簽署決定領土歸屬的《舊金山和約》中，對於韓國要求日本須放棄在吞併朝鮮前，原屬於朝鮮的獨島權利，並未被美國採納，日本更在此約簽訂後，即開始恢復正常主權國家權益，包括前往竹島附近海域捕魚。

對此，獨立運動領導人出身的韓國總統李承晚，於一九五三年一月十八日提出「海洋主權宣言」，劃定韓國領土周邊最遠兩百海浬的界線（包含獨島在內）為韓國專屬漁業與天然資源開採區，禁止國外船隻（特別是日本漁船）進入相關海域。

主權之爭延伸至漁業糾紛

當時，韓國臨時政府尚未獲得國際承認，日韓之間沒有正式的外交關係，日本完全不理會韓國片面宣布的「李承晚線」（韓國稱之為「和平線」）。

直到一九五三年二月，日本與韓國在竹島（獨島）附近海域，首次發生重大衝突。日本漁船越過「李承晚線」的海域進行作業，遭到韓國海軍艦艇以機槍掃射，導致日本漁民死亡，漁船也被韓國海軍扣押。日本海上保安廳隨即投入艦艇進行護漁，韓國也為此於釜山成立海洋警察隊。

此後，韓國海洋警察隊的巡邏艦艇與日本海上保安廳的巡視船艦，經常在竹島（獨島）附近海域發生對峙乃至於駁火。

一九六三年李承晚下台，由朴正熙繼任韓國總統後，日韓兩國的關係轉趨和緩。一九六五年，日韓正式建立外交關係，同時簽署漁業協定，暫時解決因領土糾紛導致的漁業衝突。在韓國強力執行「李承晚線」的十二年間，共有三千九百餘名日本漁民曾遭到韓國執法單位的拘捕，三百二十八艘日本漁船遭到韓國扣押。其中，更有四十四名日本漁民在漁業衝突中喪生。

由此可見，**圍繞著竹島（獨島）的領土爭議，其本質在於戰後地緣激烈變動下，權力重組時留下的隱患。**而日韓雖然在建交後，也同意將竹島（獨島）主權問題留到日後協商解決，但是，韓國始終將獨島問題視為歷史問題的一部分，面對日本的竹島主權聲明，經常會出現民族主義式的反應。之後，韓國在實質控制獨島的狀況下，接續在島上設船舶碼頭和燈塔等設施，而日本則是持續加強對竹島域的警戒措施。

除了民族情結之外，日韓兩國在意的，也包含地緣政治的戰略價值。竹島（獨島）距離最近的韓國鬱陵島為四十九海浬（約九十二公里），距離最近的日本隱岐島有八十六海浬（約一百六十公里）。另一方面，竹島（獨島）與最近陸地的韓國慶尚北道、日本島根縣的距離，則是同為一百一十三海浬（約二百一十公里）。由**於位處日、韓兩國海陸交界中點的地緣政治特性，使得竹島（獨島）的戰略受到兩國的關切。**

日俄戰爭中初上國際舞台

至於竹島（獨島）首次在歷史上展現其地緣戰略的價值，是在一九〇四年的日俄戰爭。

日俄戰爭開戰之初，一九〇四年五月間，日本海軍為了就近監控俄羅斯太平洋艦隊的動向，原本規劃在鬱陵島設置無線電通訊所，在竹島（獨島）上設置瞭望台，同時鋪設連結竹島與鬱陵島、竹島與隱岐島之間的兩條海底電纜。

然而，俄羅斯透過各種資訊來源，大致掌握日本已在鬱陵島設置臨時監視站的情報，於是選擇通過尚未建立監視站的竹島（獨島）附近海域，準備航向海參崴港口整備後進行反擊。日本則是研判波羅的海艦隊將會通過竹島（獨島）附近海域，決定集中軍力在對馬海峽等待波羅的海艦隊。

結果，以逸待勞的日本聯合艦隊，在日本海戰役中摧毀了波羅的海艦隊中三分之二的船艦，獲得全面的勝利。經此一役，日本再度認識竹島（獨島）的地緣政治價值。於是一九〇五年一月，日本內閣會議決議，將竹島（獨島）劃入日本領土。

第二次世界大戰之後，為了遏阻蘇聯與北韓的軍事企圖，日本海地區的監控與巡航，是美國第七艦隊的例行任務。進入後冷戰時期，擁有實質管轄權的韓國逐步在島上設置自動氣象站、衛星天線等軍事設施。事實上，若在竹島（獨島）設置高性能的雷達站，其偵測範圍涵蓋韓國東南海空軍事各個據點，以及日本西側大部分地區。對日、韓兩國而言，此一地緣優勢讓竹島（獨島）持續被視為雙方必爭的戰略要地。

◆ 從地理位置到地緣政治

自瑞典學者克哲倫（Rudolf Kjellen）於一九一六年首度使用「地緣政治」一詞之後，時至今日，此一概念依舊是國際政治、國家發展的關鍵字。

從地緣政治的原意來看，它既是為因應地理環境而進行的政治行動，如制定符合地理景觀（水文、地貌、生物等）的發展策略；同時也是為了達成政治目的而制定的地理戰略，如建立與競爭國家之間的地理緩衝區。

無論屬於哪一種涵義，**「地理」都是地緣政治的基礎核心**。

一般人對地理的認知，不外乎東南西北的方向，溫帶、熱帶的緯度，山川、平原的地貌，以及人口、聚落的分布等。而這些地理因素與「自己」（或是「本國」）之間的距離，形成了「地理位置」的概念。

在人類歷史發展的過程中，隨著政治系統的發展與戰爭的需要，**掌握敵我的地理位置**，成為各方勢力取得競爭優勢的關鍵。在中國歷史上最知名的戰略論述，是早在西元二〇七年的「隆中對」。

在諸葛亮的眼中，荊州是交通與經濟的樞紐之地，益州則適合建立政治中心的易守難攻之地。若天下情勢出現變化，可派兩路大軍北上：一路率荊州之軍以向宛城、洛陽前進，一路率益州之衆出於秦川，如此則霸業可成。

諸葛亮此番建立在地理位置上的戰略論述，受到劉備的高度重視，也成為當時蜀漢建國與發展的戰略方針。

世界地圖帶動大航海時代

然而，我們所熟知的地理位置，又是如何從軍事戰爭的關鍵，變成現代地緣政治的基礎核心？

首先，**是地圖技術的發展。**

中文的「地圖」一詞，最初是用以指稱「地形之圖」，全域地圖則以「天下地圖」[3]稱之。在軍事戰略上，地理資訊往往是左右戰場勝負的重要機密，如《孫子兵法》中的〈九地篇〉中，就是依照地理環境與敵我形式，劃分九種作戰環境與戰術應用。中國歷史上，獻上地圖即是交出軍事機密，等同獻地投降。戰國時代的「荊軻刺秦王」就是以獻上燕國督抗地區的地圖名義，並以藏在地圖中的匕首試圖刺殺秦王。[3]

至於英文中的地圖「map」，其語源來自拉丁文「mappa」[4]，指的是「繪有宇宙／世界的布巾」，在軍事上固然有重要的功能，也由於多是傳教士所繪製，故以耶穌誕生地的耶路撒冷為世界中心，同時隱約透露著上帝（神明）視角的哲學思維與濃厚的宗教思想。

在歐洲歷史發展的過程中，隨著十字軍東征而擴大的東西方貿易路線，以及一二九九年《馬可波羅遊記》的出版，提升了對亞洲市場的渴望，進而推動了冒險的熱潮，以及對於地圖資訊的需求。

與此同時，藉由壟斷東方貿易，以威尼斯為中心的義大利城邦，是當時地緣政

3 此說始見於《戰國策．趙策》中，「……臣竊以『天下地圖』案之，諸侯之地，五倍於秦……」，由此可知春秋戰國時代，即有地圖繪製與縮小比例之概念。

4 拉丁文中的mappa，原意為桌布、餐巾，因當時地圖常畫在像是桌巾的布上引申而來。

治的中心。然而，隨著蒙古帝國的崩壞與鄂圖曼帝國的崛起，由義大利前往亞洲的陸路貿易路線風險提升，為了尋找從西歐前往亞洲的海路貿易航線，取得航海、地圖技術進展的伊比利半島國家——葡萄牙與西班牙開啟了「大航海時代」。

而歐洲的地緣政治中心，也逐漸從陸路貿易時期的義大利半島，轉為海路貿易時期的伊比利半島。事實上，葡萄牙得以成為大航海時代最早的海上霸主，原因之一是於一三七五年時，便擁有最精確的世界航海圖「加塔蘭地圖」[5]。

宗教戰爭後，民族國家興起

其次，是「民族國家」的出現。在克哲倫的定義中，**地緣政治的前提是將國家視為地理有機體，進而為國家的生存與發展提供理論與政策依據。**

在近代的國家發展史中，一六四八年結束歐洲地區宗教戰爭的《西發里亞和約》（Peace of Westphalia），首度確立了國家主權的概念。在此之前，羅馬教皇具有至高無上的權威，可藉由宗教理由干預歐洲各基督教國家的內政事務。而以宗教為名發動的「三十年戰爭」，大幅弱化羅馬教皇和神聖羅馬帝國的權力基礎，也促成近代民族國家的成形與建立國際體系的雛形。

在這樣的一個國際體系下，每個國家對於領土和國內事務，擁有排除所有外部勢力的主權；無論領土大小或國力強弱，各國主權平等且互不干涉。自此，歐洲地區朝向「列國制度」發展，並逐漸形成維繫各國互動秩序的國際法原則。

在民族國家興起之際，以葡萄牙為開端，西班牙、法國、荷蘭、英國等西歐國家，為了尋求新的貿易路線，先後展開各種海上冒險。在「列國制度」的激烈競爭下，歐洲的地圖學、航海術與造船術出現顯著的進展。

而當時遠洋探險的成敗，主要取決於航海地圖的精確度，也成為極具軍事、經濟價值的戰略資源；而這些標示地理位置的地圖，結合民族國家經濟權力的擴張，奠定了近代地緣政治的基礎。

5 加塔蘭地圖（Catalan Atlas）係由猶太製圖家賈・克雷斯奎父子於一三七五年在葡萄牙繪制，是當時歐洲最完備也最準確的世界海圖。

從地理位置成為地緣認知

值得注意的是，進入十七世紀之後，各國紛紛著手繪製「世界地圖」[6]，用以標示其所認識的世界地理。

各國版世界地圖的出現，為「帝國」提供了戰略的想像空間。特別對葡萄牙帝國、西班牙帝國、大英帝國等西歐的海上強權而言，原本地圖上與航海資訊有關的地理標示，在戰略意涵上開始轉變為占領統治勢力範圍的標示。

從此之後，「地緣認知」取代地理位置，原本為了開拓新航路與亞洲市場交易的大航海時代，除了促成西歐各國的科技與商業發展，為日後的工業革命提供重要的經濟基礎，同時也激化帝國主義的思維，並在非洲、亞洲與美洲地區，掀起激烈的殖民地爭奪。東亞地區則是在此一背景下，成為歐洲地緣政治思維的一環而登上國際體系的舞台。

◆東亞的半島、島鏈世紀誘惑

中國第一幅標示經緯度的世界地圖《坤輿萬國全圖》，是義大利傳教士利瑪竇於一六〇二年所繪製。《坤輿萬國全圖》以西方的世界地圖為藍本，引進五大洲、太平洋、大西洋、印度洋等地理觀念，經緯度、南北極等地理學知識，以及地圓說、日食、月食等天文學知識，更以東方盛行的漢字進行地理標示，並將中國放在地圖中央，部分地圖上的地名漢譯，如地中海、亞細亞等用語更沿用至今。

此外，以漢字標示的《坤輿萬國全圖》，在中國繪製完成後即傳入日本、韓國等漢字圈的周邊國家，對於東亞地區的世界觀，包括儒家的天圓地方、佛教的四大部洲，帶來很大的衝擊。

6 包括一五〇二年葡萄牙的「坎迪諾世界地圖」、一五〇七年德國的「瓦爾德澤米勒地圖」、一五六九年荷蘭（佛蘭德）的「麥卡托世界地圖」、一六〇二年中國的「坤輿萬國全圖」等。

豐臣秀吉的真正盤算

當時《坤輿萬國全圖》中繪製的東亞地區，最主要的國家是中國的明朝，以及位於東北亞的日本與朝鮮。

在此圖繪製完成的十年前（一五九二年），統一日本全境的豐臣秀吉決意出兵朝鮮，向朝鮮半島南端的釜山進軍。戰爭初期節節敗退的朝鮮立即向明朝求援，朝鮮半島頓時成為當時中國與日本權力競逐的場域。此一場戰役，在中國歷史上稱之為「萬曆朝鮮之役」，日本歷史則稱為「文祿・慶長之役」

關於豐臣秀吉出兵朝鮮的動機，有三種不同的說法。第一種動機，是豐臣秀吉個人藉此取得前所未有之顯赫功名，建立現世與後世的尊崇地位。第二種動機則關於當時日本國內的政治情勢，為了避免諸侯在統一後擁兵自重，豐臣秀吉藉戰爭來消耗其軍力。第三種動機與地緣環境變化有關，主要是日本應對明朝的戰略選擇，豐臣秀吉想透過征服朝鮮，將其作為征伐明朝的跳板。

事實上，在大航海時代下，豐臣秀吉出兵朝鮮的決定，也受到西方勢力的影響。西班牙雖於一五六五年控制了呂宋（今之菲律賓），卻未能取得相應的經濟利益，於是開始將目標轉向中國。到了一五八〇年，西班牙國王菲利普二世出兵占領葡萄牙，伊比利半島上的兩大海上強國合併成為聯合王國。

這些地緣政治上的發展，引起日本的警戒。豐臣秀吉一統日本之後，一方面積極斡旋恢復與明朝的勘合貿易，另一方面則決定先取得朝鮮半島的控制權，並趕在西方國家之前享有中國的利權。

在此一背景下繪製的《坤輿萬國全圖》，自然而然將重點放在明朝、日本與朝鮮這三個國家。而在亞洲大陸邊緣的其他列島，則是以大明海（即今之東海）為界，大致分隔為兩個區域。包括大明海以北的日本與周邊小島，以及大明海以南的小琉球、大琉球與呂宋。

值得關注的是，位於大琉球與呂宋之間的**「台灣」，在一六〇二年版本的《坤輿萬國全圖》中還是一個不知名的島嶼**；直至一七〇八年日本學者新井白石在重製上色的版本中，才借用鄭成功與鄭經統治的「東寧」地名，來稱呼此一島嶼。

帝國爭霸凸顯島鏈重要性

到了十九世紀，接續大航海時代而來的帝國主義，開始席捲亞洲地區。歐美國家首先在亞洲地區劃分殖民地勢力範圍，包括西班牙支配菲律賓、法國支配印度支那（現中南半島）、荷蘭支配東印度（現印尼）、英國支配馬來亞（現馬來西亞）等。

其次則是透過條約港、固定關稅、最惠國待遇、治外法權等國際機制，獲取其他非殖民地的亞洲國家利權，包括一八四二年中國與英國簽訂的《南京條約》、一八五四年日本與美國簽訂的《神奈川條約》、一八五五年暹羅（即泰國）與英國簽訂的《寶寧條約》等。

值得注意的是，位於亞洲大陸邊緣地帶的島鏈地區，特別是靠近中國沿岸的島嶼，在十七世紀時被視為進入中國市場獲取利權的戰略要地，引發了西歐國家的搶占。其中，取得菲律賓的西班牙及取得印尼的荷蘭，對島鏈地區特別關注。例如，**荷蘭與西班牙為了建立與明朝、日本貿易的據點，自一六二〇年代開始爭奪台灣的**

主控權，最後由荷蘭取得勝利。

進入十九世紀之後，中國國力的持續弱化以及日本國力的興起，為東亞地緣環境投入新的變數。

特別是**日本國力的興起，重新確立了東亞島鏈在地緣戰略上的價值**。在日本推動明治維新，實行富國強兵政策之前，包括朝鮮半島、東亞島鏈與台灣，都是與中國進行貿易的中介據點。然而，當西歐各國透過不平等條約在中國沿岸取得貿易港口之後，東亞島鏈的重要性才逐漸降低。

英美也覬覦日本小笠原群島

一八六八年日本明治政府成立，除了大刀闊斧進行內部改革政策措施，對外也積極尋求建立可抵禦西方帝國主義的國家生存空間。在此基礎上，首先必須確立新國家的領土疆域，才能確保國家的生存發展空間。

明治政府經過多年的談判交涉，日本放棄庫頁島換取對千島群島的支配權，並將小笠原群島與琉球劃歸新國家的領土。其中，**將小笠原群島劃入領土，是當時日**

本在地緣政治上的重大成就之一。

一五四三年，西班牙首度發現小笠原群島，但並未登陸。之後，伴隨捕鯨業的發展，包括美國、英國、荷蘭在內的歐美國家船艦，經常通過小笠原群島周邊海域。直到十九世紀之後，英國一度有意占領小笠原群島，但在一八四二年的鴉片戰爭取得香港之後，對於與中國有段距離的小笠原群島，英國興趣不再。

與英國相反，美國此時開始對小笠原群島產生興趣。當時，美國一方面要求日本開港貿易，一方面在日本周邊尋求可貯存煤炭等戰略物資的島嶼。若日本抗拒開港，美國可在戰略物資的支持下，選擇以武力強迫日本開港。而美國此時看上的島嶼，即是小笠原群島。

當時英美兩國同時對小笠原群島「情有獨鍾」，無非是基於經濟利益，若遇到成本更低、經濟利益更高的選項，就會「移情別戀」。於是在英國取得香港作為與中國貿易的根據地，美國以《神奈川條約》迫使日本開港，已經滿足兩國原本的利益需求，不必特別再對小笠原群島進行占領殖民。

然而，對日本來說，雖然小笠原群島距離東京一千公里，但若讓歐美國家取得小笠原群島作為戰略物資的補給基地，將直接衝擊日本的地緣安全。新成立的明治政府乃積極與英美兩國交涉，終於在一八七六年通令歐美共十六個國家，宣布小笠原群島的主權屬於日本。

無名島翻身日本人戰略中心

而位於東亞島鏈中心的台灣，在歷史上首度左右東亞局勢發展，是在甲午戰爭之後。獲勝的日本向戰敗的清朝索取了遼東半島與台灣；前者是穩定與支配朝鮮半島的重要布局，後者則是制海揚威，打造海洋強權的戰略基礎。

只是礙於俄國、德國與法國的干涉與介入，日本被迫放棄遼東半島；於是提出「北守南進」的國策方針，台灣使成為日本地緣戰略的重點要地，而且是日本國力向西方（中國華南地區）與南方（南洋地區）延伸的墊腳石。

最早明確表達出台灣地緣戰略價值的人，是第二任台灣總督桂太郎。根據桂太郎的「意見書」，日本應以台灣為立足之地，以廈門為港口門戶，將勢力向中國華南地區延伸。之後，再以台灣為根據地，向南洋地區伸張日本的政商勢力。

簡單來說，以台灣為起點，經營中國華南地區，將日本帝國的勢力伸向南洋地區，是當時日本政府所擘畫的地緣戰略藍圖之一。到了一九三六年八月，南進政策經由日本內閣會議議決，首度正式成為日本「國策的基準」，台灣在地緣戰略上的地位日形重要，儼然成為當時日本大戰略的中心。

◆ 國際政治權力洗牌「東風起」

百年以前的國際政治，是以第一次世界大戰結束為背景，以歐洲地區為舞台的權力互動。傳統的俄羅斯帝國、奧匈帝國與鄂圖曼帝國因為戰爭為之崩裂，在歐洲地區形成許多新興的民族國家。

而各國為了防止戰爭再次發生，成立「國際聯盟」，透過「集體安全」、「軍備限制」與「大國責任」來平息國際之間的紛爭，各國定義的集體安全是指，對一國的侵略行為是對所有參與國共同的挑戰，參與國可組成聯軍共同對抗侵略；軍備限制則是以外交談判與國際條約對軍備數量進行限制，並要求參與國遵守；而處理國際紛爭時由大國執行決議、進行經濟制裁或在必要時提供軍隊，便是大國責任。

兩次世界大戰帶來的改變

舊帝國瓦解、新國家成立之初，歐洲各國存在著許多領土糾紛，有賴當時的國際聯盟與歐陸大國調解與仲裁。

例如，位處瑞典和芬蘭之間的奧蘭群島（約有六千五百個島嶼），原本屬於俄羅斯帝國。但在俄羅斯帝國瓦解之際，芬蘭宣布獨立，並認為奧蘭群島是其領土的一部分。然而，講瑞典語的奧蘭群島居民大部分希望回歸瑞典，導致瑞典與芬蘭之間的衝突升高。最後，在國際聯盟的介入與英國的調解下，確立奧蘭群島的非軍事化及中立地位，在名義上屬於芬蘭，是芬蘭唯一的單一瑞典語行政區，擁有高度的自治權。

很明顯地，第一次世界大戰之後的歐洲格局安排，並未能防止戰爭的再度發生。第二次世界大戰的導火線，也是因為歐洲地區的地緣風險未能妥善解決，導致主要國家之間的衝突與仇恨急遽升高。一九三九年九月一日，以德國入侵波蘭揭開戰爭的序幕。

第二次世界大戰是人類歷史上規模最大的戰爭。參戰各國為了獲得勝利進行總動員，包括經濟、工業、勞動力在內的所有資源，都在國家的統一規劃下投入戰場；而軍用資源與民用資源的並用，也讓大量的非軍事人員（平民）因此捲入戰爭而犧牲。

第二次世界大戰之後，國際情勢呈現東西對峙的冷戰格局。美國為了與蘇聯對抗，在歐洲與亞洲均建立雙邊與多邊的軍事同盟。期間，美國與其盟友國家，透過北大西洋公約組織（NATO，簡稱北約組織），以歐洲地區為支點平衡國際政治的權力體系。包括一九六一年的柏林危機、一九六六年法國脫離北約組織，以及一九六八年蘇聯入侵捷克等，都是發生在歐洲地區的關鍵權力事件。

三大地緣事件改變全球權力支點

然而，在歐洲之外的地區發生越南戰爭、蘇聯入侵阿富汗等重大衝突，標示了邊緣地帶的地緣風險正日益升高。換言之，冷戰時期以美國、蘇聯為主角，以歐洲為主要舞台的權力互動模式之外，中亞地區、東亞地區的地緣衝突也逐漸成為國際政治的重要議題。

一九九一年之後，隨著蘇聯的解體，歐洲地區正式進入「後冷戰」時期。在後冷戰時期，歐洲各國大多認為短期之內不會爆發大規模戰爭，如何面對此一新局便成為了歐美各國的重要課題。

同時，在歐洲之外的地區則是出現新的經濟、政治與軍事緊張局勢。其中，位於歐亞大陸另一端的東亞地區，中國的崛起成為歐美國家眼中「後冷戰」時期第一個改變國際局勢的重大地緣政治事件。

北韓趁著共產陣營瓦解，積極從舊蘇聯引進飛彈與核武技術，導致朝鮮半島的緊張局勢升高，成為第二個改變國際局勢的重大地緣事件。

一九九〇年代中期之後，台灣本土化運動興起，以及總統直選，不僅讓統獨問題成為兩岸關係中的重大敏感議題，也讓台海情勢的發展成為第三個改變國際局勢的重大地緣事件。

這三大地緣事件影響所及，百年之前以歐洲為國際政治權力支點的地緣政治，現在已轉變成以東亞地區為權力支點的國際格局。

亞洲登上世界舞台，如今美中兩國對峙

上一個世紀的國際政治，無論是國際聯盟的成立與運作，還是新興國家的國際地位與權利義務，都完全由歐美大國來決定。此一時期的東亞地區，除了日本、泰國等少數國家之外，大多屬於歐美國家的殖民地或勢力範圍。

當時歐美國家之間的權力競逐，主要是以軍事力量為手段，以軍事聯盟為戰略，以戰爭為形式來進行。由於歐美是國際政治的中心，該區域的戰爭衝突自然而然擴及到世界的其他地區。例如，第二次世界大戰的導火線，是德國為追求國家發展的「生存圈」(lebensraum)，大規模重整軍備，合併奧地利與捷克，並提出重新

圖表 4-1. 國際政治權力支點的百年變遷

百年之前		現在
歐美國家主導國際政治，新國際體系的形成	國際環境	崛起的中國試圖打破現狀，美中形成全面的競爭與對峙關係
歐洲	熱點地區	東亞
領土與主權	國家利益	領土、主權、經濟、科技
軍事力量	權力基礎	軍事、經濟與科技力量
軍事安全	核心戰略	經濟安全為主，軍事安全為輔

修正世界秩序的主張。

英國與法國為防止德國的擴張，也與波蘭、澳洲、加拿大、紐西蘭、南非等國家組成軍事聯盟。之後，美國、蘇聯與中國也加入此一軍事聯盟，並以同盟國之名對抗德國、義大利與日本為主的軸心國軍事聯盟。

時至今日，國際舞台的重心轉向亞洲地區，特別是東亞地區，而國際政治也轉由美國與中國這兩大國家主導。在政治上堅持共產黨領導，在經濟上採行國家資本主義的中國，因為參與全球化使得國力大幅提升。

崛起的中國主張，第二次世界大戰

之後國際政治的格局安排必須有所調整；這點與強調維持權力現狀的美國產生國家利益上的歧異，進而在軍事、經濟、科技與意識形態上全面對峙。在此一對峙關係下，**美國亦強調，是以經濟安全為主，以軍事安全為輔的戰略，與中國進行對抗。**（見圖表4-1）

PART 2

第二部 全球化與半球化

第五章

全球化已到終站，半球化列車啟動？

Chapter

5

◆ 採用美國標準、中國標準？

台積電創辦人張忠謀在二〇一九年曾表示，台積電已經成為世界地緣政治策略家的兵家必爭之地。時隔四年，在台積電運動會上，他再次強調，如今不僅印證昔日談話，甚至指出，「在半導體方面，已經沒有全球化，自由貿易也已經沒有。最重要的是國家安全，每個國家都在擔心國家安全。」

這句話，在二〇二二年十二月七日，張忠謀出席台積電美國亞利桑那州廠舉行的移機典禮時，就曾當著美國拜登總統的面說：「全球化幾乎已死，自由貿易幾乎已死，很多人都希望它們能夠回來，但我不認為它們能在短時間內回來」。

張忠謀的發言背景，主要是自二〇一八年的美中貿易戰以來，全球化已逐漸形成兩極化的發展趨勢。目前美中之間的對抗，令人想起冷戰時期的美蘇對抗。對台積電來說，在半導體產業領域只能選擇美國這一邊，包括半導體在內的國際經貿網絡，未來將以美國為首的供應鏈規格，對抗以中國為首的供應鏈規格。主張單一規格的全球化，已經不再享有壟斷的話語權；兩種規格相互競爭且互不相容的「半球化」，已經蓄勢待發。

美中貿易戰，延燒至國際政治經濟

二〇一八年三月二十二日，時任美國總統的川普針對「中國經濟侵略」簽署備忘錄，決定對中國進行關稅制裁。中國也回擊，對美國輸往中國的農工產品，課徵報復關稅。隨後雙方懲罰性關稅範圍不斷擴大，揭開「美中貿易戰」的序幕。此一發展態勢，讓致力於全球化的世界貿易組織（WTO），既無法有效監督貿易協定的執行，也無法調解雙方的貿易爭端。

過去以來，多數經濟學家認為，全球化已經是不可逆的趨勢。儘管發展至今雖然存在著南北剝削、跨國犯罪、金融風險等弊端，但其帶來的全球經濟成長、低成本高品質的商品服務、多元化發展等優點，足以彌補弊端。

然而，全球最大的兩個經濟體，從一開始的貿易衝突，擴展至經濟、科技、軍事、外交等各面向的對抗，使得目前的經濟產業領域儼然出現兩套標準：**美國標準**

與中國標準。包括日本、台灣、韓國、歐盟在內的國家，為了適用不同的國際標準，經濟貿易的風險與成本將會提高。

原本被認為不可逆的「全球化」趨勢，正逐漸反轉成美中兩國各持標準的「半球化」。

全球衛星導航系統分道揚鑣

以全球衛星導航系統為例。美國於一九九〇年代建置完成的全球定位系統（GPS），除了在軍事上具備精準彈道飛彈導航功能外，在經濟上更直接影響現代交通運輸、數位通訊、水文監測、氣候變遷等產業領域。國際間除了美國的GPS系統，俄羅斯因為武器導航的需要，獨自發展出以軍事用途為主的「格洛納斯系統」（GLONASS）。

緊接著，歐盟於二〇一一年推動以民間用途為主的「伽利略定位系統」（Galileo）。在此定位系統建置的過程中，歐盟面臨來自於美國的壓力。為了與美國的GPS系統進行相容，歐盟決定排除中國的參與。

至於中國，則是自二〇〇八年開始，加速投入資金建置中國規格的北斗衛星導航系統。二〇一八年，中國宣布北斗衛星系統正式提供完整的全球定位服務，是一個軍民兩用的系統，正式與美國GPS系統分庭抗禮。

中國當初之所以啟動北斗衛星導航系統的研發建置，源自一九九六年台海危機之際，飛彈發射時受到GPS干擾。之後，隨著中國經濟的全球發展，原本的軍事目的也逐漸兼顧民用化，進而在「一帶一路」的戰略思維下，積極與相關國家合作提升基礎設施網絡，結合北斗衛星導航系統，發展中國規格的通訊、交通、物聯網等相關產業與市場。

從衛星導航系統、電腦與手機作業系統、到半導體供應鏈，美國與中國之間的分歧日益擴大，全球化列車似乎已經走到終點。美國聯合歐洲、日、韓等民主工業國家，企圖確立美國規格的主導地位；中國則是以內地的龐大市場作為基礎，聯合南方國家（如金磚國家）來建立中國規格的影響力。這樣的發展趨勢，讓原本搭乘全球化列車的其他國家，特別是台灣與東南亞國家，不得不認真考慮：要持續留在全球化的列車內等待，還是下車轉搭半球化的列車。

半球化列車準備發車？

二〇一七年第四十七屆瑞士達沃斯世界經濟論壇上，出席的中國國家主席習近平發言強調，要堅定發展開放型世界經濟、旗幟鮮明地反對保護主義，「搞保護主義如同把自己關進黑屋子，看似躲過了風吹雨打，但也隔絕了陽光和空氣。打貿易戰的結果，只能是兩敗俱傷。」

在這個時間點上，英國已正式啟動脫離歐盟的法律程序，而鼓吹保護主義的美國總統川普正準備上任。一向秉持全球化與自由貿易的英美兩國，紛紛轉向保護主義的路線；而被視為威權體制、保守大國的中國，則是呼籲捍衛全球化與自由貿易體制。習近平在當時的發言顯示，支持全球化的中國與反對全球化的英美之間，已然形成兩股不同思維的對抗。

進入二〇二〇年之後，「脫鉤」一詞的大量出現，代表美國已經認真思考一個「沒有中國」的新經貿體制。當時川普多次公開強調，必須終結對中國的依賴，讓美國進入世界的製造業超級強權。針對美國的「脫鉤」說，歐盟國家則是謹慎地使用「去風險」一詞，來定調與中國的經濟關係。

對美國來說，「脫鉤」是一種戰略思維，欲透過嚴厲的經濟手段阻止中國的高速發展。對歐盟國家而言，「去風險」是一種策略手段，要透過轉移部分與中國有關的產業鏈，來強化自身的經濟安全。至於中國，則是持續推進以「國內大循環」為主的經濟策略，並推動「國內國際雙循環」相互促進的「新發展格局」。

歐美國家試圖擺脫對中國的依賴，或去除來自中國的風險，是一股將全球經濟朝向半球化發展的「推力」；而中國轉向本地需求和技術發展的內循環策略，則是一股將全球經濟朝向半球化發展的「拉力」。在雙方這一推一拉，推力與拉力的交互作用下，半球化的列車已開始啟動。

第六章

搭上全球化列車的東亞國家

Chapter

6

◆全球化推手，創造「東亞奇蹟」

自二十世紀初期以來的國際政治領域中，地緣風險所強調的是陸權、海權國家競爭，關注的是自然資源、出海港口、國家位置等現實地理環境因素，這些概念也都曾經是國家在制定戰略的理論基礎。

但是，一九七〇年代之後，部分地緣風險的基本假設，開始劇烈變化。首先，彈道飛彈的技術發展打破原本地理環境的限制，也讓地緣政治出現新的風險要素。其次，經濟全球化的趨勢與國家之間的經濟密切互動，讓經濟摩擦逐漸取代軍事對立，成為國際政治的主要議題。其三，國力衡量基準從強調國土面積、人口、天然資源與軍事力量，轉變為重視國家的經濟結構、科技發展與財政能力。

地緣經濟掛帥，競爭者也可以合作

由於地緣上的經濟風險逐漸受到重視，於是部分學者提出「**地緣經濟**」（geo-

economics）的概念，一國的國際地位不再取決於武力，而是包括經濟實力與科技力量在內的綜合國力。因此，國家之間的競爭環境，也從過去的政治舞台，轉移到經濟舞台；而國家之間的競爭模式，從過去的軍事主導的戰爭型態，轉變為透過國家政策來占領世界經濟版圖。

此外，由於全球化的快速進展，過去根據地緣政治概念所劃分的假想敵與競爭對手，在地緣經濟時代則可能同時是緊密的貿易夥伴。換言之，**地緣經濟概念的出現，代表著國際政治新時代的到來。在這個超越國界與區域的新時代，競爭與合作可以同時存在。**

當經濟議題成為國家競爭、對抗或合作的主要領域時，東亞地區的經濟發展自然而然地躍上國際舞台。一九九三年，世界銀行提出一篇名為〈東亞奇蹟〉（East Asian miracle）的研究報告，盛讚一九七〇年代以來東亞經濟發展的成果，分析來自日本、韓國、台灣、新加坡、香港、泰國、馬來西亞與印尼等國的東亞奇蹟。

而在東亞奇蹟的形成與發展過程中，日本扮演著關鍵角色。自一九五〇年代開始，日本掌握韓戰之後的地緣形勢，積極與歐美的技術、市場接軌，並透過政府進行市場資源的配置，主導開放政策與制定出口導向戰略，在一九六〇年後期實現東亞經濟高速成長的第一個奇蹟。日本GDP的世界排名，從一九五五年的世界第三十四位，急升至一九六八年的世界第二位。

日本領航，帶著四小龍經濟起飛

緊接著日本奇蹟之後，亞洲「四小龍」——新加坡、韓國、台灣和香港的經濟也在一九六〇年代進入高速發展期。而四小龍經濟成長的主要背景，是越戰的爆發與日本的資金技術。

以韓國的經濟發展為例。日韓在一九六五年正式建交後，日本即向韓國提供五億美元的經濟援助。在日本的資金與技術支持下，韓國成立包括浦項鋼鐵公司（POSCO）在內的現代工業基礎。而越戰的爆發，讓韓國獲得來自於美國，總金額超過十億美元的特需費，成為「漢江奇蹟」的重要催化劑。

日本與亞洲四小龍，都是在土地、資源等地理要素稀缺的環境下，展現驚人的經濟發展成果，是近代經濟史上少見的經濟現象。對此，經濟學家以「雁行理論」

來描述東亞地區的經濟發展模式。因為在第二次世界大戰之後的東亞國家，經濟發展以日本為首，接著是亞洲四小龍，其後是印尼、馬來西亞、泰國、菲律賓等東協成員。**而身為雁頭的日本，在明確的國際分工體系下，帶領其他雁鳥同步飛行。**

例如戰後初期的日本，率先發展勞力密集的紡織產業，但當技術成熟，生產要素也產生變化時，日本紡織產業的競爭力就會轉弱。之後，亞洲四小龍從日本獲得技術或產業轉移，開始發展紡織產業，而日本產業結構則升級到技術密集的消費電子產業。同樣地，亞洲四小龍的產業結構跟著日本腳步也相應升級，呈現出國際分工的先後次序發展。

中國經濟暴衝，延續「東亞奇蹟」

此一「**雁行發展型態**」不僅僅只是商品生產的區域國際分工，同時也包括國際貿易、海外直接投資、技術轉移等領域。既擴大日本海外輸出市場的關鍵，也協助日本建立東亞經貿勢力，確保其經濟持續成長的重要模式。只要雁行發展型態持續運作，日本的經貿實力與經濟影響力，將會隨著東亞地區的快速發展而持續提升。

到了一九九〇年代，日本受到泡沫經濟影響，陷入長期發展停滯的狀態。然而，全球化的快速進展，還有中國自一九七八年推動改革開放後，平均每年接近兩位數的經濟成長，直接推升了東亞的經濟發展。

至於日本雖然陷入經濟衰退，但也透過產業的轉型升級，持續在頂尖製造業、前瞻科技領域占有領先優勢。進入二十一世紀之後，**日本與中國同時成為帶領東亞經濟奇蹟的雙箭頭**；其中，日本是尖端技術領先的製造業強國，中國則是具有生產要素優勢的製造業大國。

亞洲經濟奇蹟背後，東亞價值觀抬頭

「經濟奇蹟」，為東亞的地緣政治帶來兩大影響。

影響一，**東亞地區國家利益內容的變化**。

過去的東亞國家是以地緣政治為基礎，主張透過確保國家的政治利益，以維護國家的經濟利益。但是當經濟議題受到高度重視之後，則從經濟合作擴散至政治及安全領域的合作。

影響二，東亞價值觀的抬頭。由於西方經濟理論無法完全解釋東亞國家的經濟奇蹟，特別是在資本、勞動力、技術等經濟理論的觀點之外，東亞國家的信仰體系、社會關係類型和宗教習俗等價值觀，也是創造經濟奇蹟的關鍵要素。

對比基督教倫理開創的西方式資本主義，一九八〇年代開始討論的「東亞價值觀」，主張東亞國家是以「**儒家主義**」形成經濟成長的社會文化基礎。包括日本、韓國、台灣、新加坡與香港等，均受其影響，重視教育與家庭價值，鼓勵勤勉、務實的處世觀念，提供了高素質勞動力與經濟發展所需的資本。

但是在一九九七年亞洲金融風暴時，東亞價值觀在經濟發展的角色一度面臨嚴厲的挑戰；只是到了二〇〇八年以美國為開端的全球金融海嘯，以及中國經濟的快速發展，又讓原本沉寂下來的東亞價值觀，再度獲得正面評價。

目前對於儒家主義與經濟發展的關係，依舊存在著許多不同的意見。贊成者主張，東亞地區已形成「**儒家經濟圈**」；反對者認為，創造東亞經濟奇蹟的關鍵因素不是儒家主義，而是抓住「地緣機遇」，將傳統的封閉經濟轉化為市場經濟。

在上述贊成意見與反對意見相互辯論的過程中，東亞國家普遍認知到，東亞經濟發展模式不同於西方，具有其特殊性。結合了地緣經濟概念後，東亞國家不僅推動經濟共同體與區域經濟整合的進程，也進一步影響全球經濟發展的動向。

◆ 日本拚經濟，第一代東方地緣巨星

對二次世界大戰後的東亞經濟發展來說，日本提供技術、資金與現代化的企業經營管理思維；中國則提供具競爭力的生產要素與廣大的市場。在不同的階段，日本與中國都扮演關鍵角色。

然而，原本在地緣政治上對立的東亞國家，是如何轉化成地緣經濟上的合作？這點可以由日本自一九六〇年代後期的「海洋國家」與「關野構想」一窺究竟。

關野構想描繪出日本安全海域

第二次世界大戰之後的日本，受到圍堵政策、島鏈戰略與日美安保體制的外在

環境影響，必須依靠美國的保護傘，建構穩定的經濟發展環境，並在自由民主海權國家與共產極權陸權的對峙下，重新思考國家定位。

其中最重要的發展之一，便是日本與全球最大的海洋國家——美國建立了同盟關係，受到美國的海洋國家利益影響下，日本也快速轉向海洋國家的思維。例如，日本原本想要依循戰前的經貿模式，將日中貿易視為走出戰後、走向國際，以及經濟持續發展的關鍵。但美國則對此抱持反對態度，建議日本應加速發展與東南亞自由國家的貿易關係。

到了一九七〇年代，日本也開始思考確保海洋國家利益的戰略，代表的論述之一是關野英夫的「關野構想」。

關野英夫曾擔任戰前日本聯合艦隊參謀，他從地緣政治的觀點出發，主張將日本的九州、沖繩，以及菲律賓、婆羅洲島連成「西方線」，將日本的伊豆群島、小笠原群島，還有馬里亞內群島連成「東方線」。東、西方線以內的海域是日本必須確保的「安全海域」，而日本的海上自衛隊必須具備由驅逐艦、反潛機、潛艇組成的反潛部隊，防止敵對國家破壞日本的通商路線。

在依賴美國軍事力量的冷戰時代，主張強化日本海上防衛力量來確保通商安全的「關野構想」，在日本政府內部引發諸多討論。

放棄「島國」思維，走向開放的「海國」

原先「關野構想」是針對冷戰時期來自蘇聯（俄羅斯）的威脅，並在此一威脅下確保日本的經濟發展命脈。但在蘇聯解體後與經濟全球化的趨勢下，除了傳統的軍事競爭關係之外，經濟層面的相互依賴與競爭關係，已成為國家互動的常態。

隨著地緣經濟概念興起，如何在特定區域範疇內，以經濟手段來謀求國家利益？對日本來說，便包括共同開發能源、資源與能源的穩定供給、維護自由貿易體制、主導產業供應鏈，以及加入區域經貿組織等。

日本強調的海洋國家論述，主張日本必須放棄「島國」思維，以開放的「海洋國家」自許，進而以開放、冒險的精神去開發、利用海洋資源，並將自由貿易體系、海上航路視為國家重大的核心利益。加上一九八〇年代開始急速進展的全球化，以及隨之而來的亞太區域經濟整合趨勢，則是日本建構海洋國家利益的另一股重要推力。

日本地緣戰略，以經濟接軌全球

海洋國家日本的地緣經濟思維有四大重點：

重點一，穩定的資源供給與使用。

由於日本屬於島嶼國家，缺乏工業發展所需之天然資源。以石油為例，日本為了穩定石油的供給與使用，長期關注相關能源的運輸、開發與保存。

在運輸層面，日本將主要石油來源地的波斯灣海域，經麻六甲海峽、巴士海峽至日本的海上運輸航道，視為其國家的生命線。在開發層面，日本透過經產省下轄的獨立行政法人「石油天然瓦斯．金屬礦物資源機構」（JOGMEC），支援國內相關企業在海外進行石油開採計畫。在保存層面，為因應第二次石油危機，於一九七八年首度啟動國家戰備儲油機制，戰備儲油量從一九七八年的七日，增加至二〇二一年的兩百三十五日（國家儲備量一百四十五天，民間儲備量九十天）。

重點二，維護全球自由貿易體系。

日本以貿易立國，因此，維繫對其有利的戰後自由貿易體系，也成為地緣經濟戰略的目標之一，從參與、主導國際經貿環境的規範，協助企業開拓國際市場並取得優勢地位，是日本經貿政策的優先選項之一。

目前日本主要透過七大工業國組織、經濟合作暨發展組織、二十大工業國（G20）等國際機制，營造開放的、自由公平的、具透明性的、可預測的，以及去風險的貿易投資環境。此外，金融市場與網際網路的安全性，也是日本關注自由貿易體系穩定的重點議題，特別是日圓長期被視為美元、歐元之外的重要國際貨幣；日本相當重視日圓的國際化、匯率波動，以及在國際金融市場上的角色。

重點三，參與及主導東亞區域經濟整合。

一九八〇年代開始快速發展的全球化，促成WTO的成立；但在東亞地區，則是因為一九九七年的亞洲金融風暴，促成了雙邊與多邊關係的經貿互助結盟，即自由貿易協定（Free Trade Agreement，FTA）與區域經濟整合。

東南亞國協（ASEAN）率先在經濟制度上進行協調與合作，推動「東協自由貿易區」（AFTA）。其後，日本為了維繫並強化其與周邊國家，以及重要經貿夥伴之間的經貿關係，先與東協國家簽署FTA，形成以「東協加三」（ASEAN＋3）為基礎的「東協自由貿易地區」（ASEAN Free Trade Area，AFTA）。緊接著，日本積極與印度、澳洲等國簽訂經濟夥伴關係協定¹等，以建構全球化時代下的日本經貿網絡。

重點四，強化關鍵產業的供應鏈。

日本創造經濟奇蹟的重要背景之一，是日本企業主導東亞製造業的關鍵供應鏈。然而，伴隨著全球化的趨勢，以及中國與韓國製造業的快速進展，日本逐漸在半導體、EV電池、醫藥品、稀土等「特定重要物資」的供應上呈現脆弱性。

對此，日本政府透過政策，如補助台積電在日本設廠生產半導體，提高關鍵物資與零組件在當地生產的比例，也與經貿夥伴國家組成聯盟，如日本與美國、韓國、台灣組成強化半導體供應鏈的Chip 4，確保供應鏈的安全無虞。

安倍經濟學推手，創造美麗之島

戰後任期最長的日本首相安倍晉三，為了讓日本擺脫泡沫經濟以來的困局，曾提出以「安倍經濟學」為名的一系列政策，包括以貨幣寬鬆政策來提供市場資金，以靈活的財政政策來創造市場需求，以經濟成長策略來接軌全球市場。

誠如安倍晉三在二〇〇七年所出版的《邁向美麗之國》一書中寫到，在美麗之國的概念下，日本應該要走向一個充滿活力、機會與寬容，對世界開放的海洋貿易國家。

◆安全圈與經濟圈有重疊、有摩擦

日本有一種介於賭博與遊樂之間的「國民娛樂」——「柏青哥」，也就是俗稱的小鋼珠。產業的鼎盛時期，令日本擁有一萬八千家以上的店鋪，以及超過兩千八

1 日本參與的經濟協定，包括經濟夥伴關係協定（Economic Partnership Agreement，EPA），區域全面經濟夥伴協定（Regional Comprehensive Economic Partnership，RCEP）、跨太平洋夥伴全面進步協定（Comprehensive and Progressive Agreement for Trans-Pacific Partnership，CPTPP）

百萬人的遊玩人口，每年創造二十五兆日圓的產值。到了二〇二〇年代，「柏青哥」店鋪家數跌至九千家，遊玩人口也變成一千萬人，產值也下降至十四兆日圓。但同時間，日本外食產業的市場規模是二十五兆日圓，便利商店的市場規模是十一兆日圓，家電用品與服飾產業的市場規模都是七兆日圓。

驚人的數字背後，卻有另外的隱憂。除了對日本人「賭博成癮」的擔心，更任令人憂心的是，根據日本媒體報導，日本的柏青哥產業多由「在日韓國／朝鮮人」（約四十三萬人）所掌控，而日本人在「柏青哥」花錢遊樂（賭博），部分獲利的店家會透過地下金融、虛擬貨幣的方式，將錢轉至缺乏外匯的北韓，用在彈道飛彈與核子武器的研發與生產上。

日本人在「柏青哥」上的娛樂花費，卻入了北韓口袋。這不禁令人想到台商與中國的關係。自中國改革開放之後，台灣的資金與技術大舉西進，根據台灣經濟部的統計，從一九九一年到二〇〇八年為止，總共核備了約七百五十五億美元的對中國投資金額。若加上部分以外資名義直接進入中國，或輾轉由香港進入中國市場的金額，依據中國方面的統計，台商投資中國的金額超過兩千億美元。

台灣的資金協助中國經濟快速成長，讓中國一躍成為世界第二大經濟體，並擁有充裕的資金預算，研發與生產先進的武器設備。而這些武器設備，卻成為中國試圖改變現狀，不放棄武力犯台的有效手段。

地緣政治與經濟的競合關係

事實上，無論是冷戰時期地緣政治的島鏈防衛，還是一九九〇年代之後東亞地緣經濟的變遷，日本與台灣均扮演重要且關鍵的角色。

日本除了透過日美安保體制發揮其地緣政治的角色外，也以亞洲最大經濟體（於二〇一〇年被中國超越）與先進製造業大國的地位，發揮其地緣經濟的角色。台灣則是挾關鍵的地理位置，被譽為第一島鏈上「**不沉的航空母艦**」，且在一九九〇年後，正視自己在地緣經濟上的價值，包括西和中國、北聯日本與南進東南亞的亞太戰略，而「亞太金融中心」、「亞太營運中心」等政策構想，即是此一地緣經濟思維的延伸。

而近年來，東亞經濟圈日益緊密，中國在軍事與經貿發展上的風險與威脅，以及美中對峙等不確定因素下，讓包括台灣與日本在內的東亞各國，重新思考地緣政治與地緣經濟之間的競合關係。

原本，地緣政治所代表的安全圈，與地緣經濟所代表的經濟圈，在冷戰時期是兩個分立的領域，以美國為首的自由民主陣營成立「輸出管制統籌委員會」（CoCom）[2]，對以蘇聯為首的共產國家實行貿易限制與禁運。換言之，**美蘇兩大陣營不僅在軍事上對立，在經濟上也是互不往來。**

隨著全球化的推進、中國的改革開放、東歐國家的民主化與蘇聯的解體，即便**是在安全議題上具有共同利益的國家，有時候也會出現嚴重的貿易摩擦**，如一九八〇年代的美日關係。相對的，**在安全議題上是對立關係的國家，彼此之間則發展出緊密的貿易往來關係**，如二〇一〇年後的美中關係。換言之，地緣政治的安全圈與地緣經濟的經濟圈，進入了重疊與摩擦的階段。

美日安全議題同陣線，卻陷半導體摩擦

先看一九八〇年代後半開始激化的美日半導體摩擦。當時日本的半導體產業出

現飛躍性的成長，全球十大半導體廠商中有五家日本企業，而NEC更是半導體產業的龍頭企業。

由於半導體科技對國防產業有直接影響；美國擔心一旦日本倒向蘇聯，將會改變世界的權力平衡。為此，美國國防部下轄的「國防高等研究計畫署」(DARPA)，把日本半導體科技發展視為潛在的競爭威脅。

前文提及的《可以說不的日本》書中，即主張日本可運用科技的競爭力作為與美國交涉與談判的籌碼。

即便美日之間存在對抗共產集團的共同利益，但在美國的壓力下，兩國於一九八六年九月簽訂《日美半導體協定》。美國更在此一勝利的基礎上，通過一九八八年《綜合貿易與競爭法》，增設保護智慧財產權的「特別三〇一條款」。

從此日本半導體企業轉換經營策略，逐漸淡出半導體晶片的生產，轉由台灣與韓國的廠商代工，至於日本半導體供應鏈的其他廠商，則是專注材料與設備領域。

2 或稱巴黎統籌委員會、巴統，Coordinating Committee for Multilateral Export Controls，縮寫CoCom。

圖表6-1.全球半導體企業市占率比較

排名＼年份	1987年	2021年
1	NEC	三星
2	東芝	英特爾
3	日立	台積電
4	摩托羅拉	海力士
5	德州儀器	美光科技
6	富士通	高通
7	飛利浦	輝達
8	美國國家半導體	博通
9	三菱	聯發科
10	英特爾	德州儀器

資料來源：Gartner Dataquest、IC Insights調查報告

而台灣與韓國也順勢在二〇〇〇年代後，成為全球半導體晶片的主要生產地（見圖表6-1）。

美中貿易戰，以「關鍵科技」成戰場

再來看看二〇一〇年之後的美中關係。

美國、中國自一九七九年正式建交後，彼此開始在全球與地區戰略，以及聯合國等其他多邊組織事務相關議題上進行對話。對美國來說，拉攏推動改革開放的中國來對抗蘇聯，以符合其地緣戰略利益；而對中國來說，透過與西方國家對話來營造一個穩定的國際環境，則是推動改革開放的必要條件。

美國在蘇聯解體後成為全球唯一的超級大國，而中國則在全球化趨勢與和平紅利下，快速發展成為區域大國。雖然這兩國之間仍存在著包括人權、區域安全在內的意見分歧，但彼此是重要的貿易合作夥伴，並在反對恐怖主義、防止核擴散等重要國際議題上，是利益相關的參與者（stakeholder）。

隨著經濟的快速崛起，中國為了擴大外交與經濟影響力，於二〇一三年提出

「一帶一路」，透過主導「絲綢之路經濟帶」與「二十一世紀海上絲綢之路」，企圖在全球事務上扮演更重要的領導角色。

但同時，美國與中國在地緣政治、地緣經濟上的競爭也更加劇烈，美國開始認為中國正逐漸對其全球利益造成損害，這也成為二〇一八年美中貿易衝突的背景。當年的中國與美國，位列全球貿易金額第一名與第二名；而美中之間的雙邊貿易金額，更是高達六千六百億美元。

在美中貿易衝突中，美國指責中國經濟侵略損害美國利益，於是擴大對中國的進出口限制，並建立可信賴的強韌供應鏈。中國則是強化自主創新，並降低對美國市場的依賴，發展與東協國家、歐盟的經貿關係。

二〇二〇年後，美國在國家安全的考量下，宣布對中國的科技公司進行嚴格的技術禁運，對半導體材料、設備的管制亦日趨嚴格。而將科技產業、高科技供應鏈捲入其中的美中貿易衝突，揭開一場美國與中國對抗的「新冷戰」（**New Cold War**）序幕。

相較傳統的冷戰，新冷戰是在美中經貿關係密切的大環境下，快速升高的對峙

與對抗關係。美國及其盟友透過對關鍵科技的掌控，共同對抗中國的政治經濟發展模式。

◆ 現實主義、自由主義外的第三選擇？

美國與中國之間的新冷戰，直接將周邊地區國家捲入對峙的情勢。其中，與美國之間有軍事同盟關係，與中國之間有密切經貿往來的日本，是僅次於美中兩國的重要行為者。

對地狹人稠、缺乏天然資源的日本而言，具有廣大市場與豐富天然資源的中國，是日本確保經濟利益與國家發展的優先選擇。雖然戰後的日本屬於民主陣營，但自一九五二年開始，便多次試圖與中國進行經貿的接觸，並於一九六二年簽訂「日中長期総合貿易覚書」（即「LT貿易協定」）。

一九七八年中國確定改革開放路線，隔年日本隨即對中國展開政府開發援助

（Official development assistance，ODA），掀起一股投資中國的熱潮。中日之間的貿易總額從一九七八年的四十八·二億美元倍數成長，躍升至一九八一年的一百億美元，以及一九九〇年的兩百億美元。

進入二十一世紀之後，即便中日雙方在歷史認知、領土主權、地緣安全等面向上多有摩擦衝突，但雙邊貿易的發展速度並未受到影響。中日的貿易總額在二〇〇二年、二〇〇六年和二〇一一年，分別突破一千億美元、兩千億美元與三千億美元大關。而中國更大舉超越日本，在二〇一〇年成為全球第二大經濟體。

西方現實主義與自由主義基礎

若以中國的外交戰略來看，在東亞地區最重要的是與日本之間的互動關係。此外，中國則是日本思考地緣政治與地緣經濟時，最重要的對象國家。

事實上，戰後初期的日本在東亞的地緣政治上，受限於《日本國憲法》中的規範，以及國內反戰的思想，在與現實主義有關的安全議題上，日本依靠的是日美安保體制與美國的亞太戰略；在與自由主義有關的經濟議題上，依靠自由貿易體制與東亞國家的市場。因此，當時中日關係的發展動向，既是現實主義概念下的策略，也是自由主義概念下的內容。

一般來說，**現實主義是地緣政治的基礎**，是繼承馬基維里，以及霍布斯以來，關於人際關係與權力的分析思想，認為國際關係同樣是會受到本能和自然權力法則的支配。因此現實主義主張，國際體系是以主權國家為主要行為者的無政府狀態，**國家最終乃是依靠權力（武力）來確保自身的安全與存續**。

至於**自由主義是地緣經濟的基礎**，是繼承洛克、孟德斯鳩以來的理性與自由概念，強調國家武力衝突的戰爭行為是國際體系失靈的結果，是需要且能夠解決的問題。在此基礎上，**透過國際制度、國際組織、國際法與國際規範的建構與健全化，國家之間可以避免陷入戰爭的危機**。

相對照東方的出世、入世思考

從東方哲學的角度來看，現實主義與自由主義的差異，通常呈現在**入世的現實主義與出世的理想主義**之間的思辨。

以中國的哲學為例。孔子〈禮運大同篇〉提出天下為公的大同世界理想；孟子則是要求梁惠王避談利益多談仁義[3]；而管仲主張要稱霸於諸侯（國家）之上；鬼谷子學派強調合縱與連橫的策略；法家重視效用、功利與行動的觀點，則是現實主義的思維。

然而，中國哲學中的理想主義，會因為儒家對於現世生活和日用倫常的過度強調，而出現一定程度的妥協。例如，大同世界極難達成，小康境界也是可以接受的。而中國哲學中的現實主義，更是因為其謀略、權勢的實際效用，長期以來主導中國政治的發展。

現實主義，或自由主義？

進一步來說，現實主義的核心概念是強權政治與利己主義，認為國際政治環境險惡。在所有國家傾向最大限度擴張利益的動機下，國際社會發生戰爭的可能性高，而武力則是確保國家權益最有效的手段。

於是為了防止戰爭發生，國家除了強化自身軍備武力產生嚇阻效果之外，也會透過權力平衡與其他國家結盟來尋求安全。因為當彼此敵對的聯盟之間存在權力平衡時，戰爭的代價通常將高於利益，國家發動戰爭的誘因將大幅降低。

在西方的歷史上，英國多次透過權力平衡的策略，聯合其他國家制衡歐洲大陸的強權；在十九世紀初期，多次與俄羅斯、奧地利、普魯士、瑞典等國合作，共同對抗拿破崙領導的法國。在東方的歷史上，中國的戰國時代，面對強大的秦國，其他六國也曾透過合縱政策進行結盟來確保安全。

自由主義的核心概念是基於互惠互利與國際合作，認為國家與國家之間存在共同利益，而維繫穩定的國際秩序是國際社會成員的共識。自由貿易體制則是強化國際合作，創造共同利益與降低戰爭衝突最重要的手段；當國家與一般民眾切身體會自由貿易帶來的好處，戰爭發生的可能性會降到最低。

其中，民主和平論認為，民主國家之間受到價值觀與民意的影響，彼此不會使用武力。而所謂的貿易和平論，則是國家之間的經貿互賴關係，會促使國家傾向選

3 原文為：「王何必曰利？亦有仁義而已矣」。

圖表6-2. 國際政治思維與戰爭觀點

	現實主義	自由主義
核心概念	強權政治 利己主義	互惠互利 國際合作
對戰爭的觀點	嚇阻 權力平衡	貿易和平 民主和平 國際組織和平
戰爭的可能	△	X

擇互惠利益而非戰爭。國際組織和平論強調，國家參與國際組織有益於國家之間的合作與國際和平的維護（見圖表6-2）。

面對戰爭與和平，日本怎麼做

早在江戶幕府末期的日本，面對西方列強的安全威脅時，也曾出現採取現實主義還是自由主義的爭辯。

主張現實主義的代表人物是幕末的兵學思想家佐久間象山，他曾提出「誰謂王者不尚力」、「國力第一」的觀點，強調國家的軍事力量，才是日本安全的屏障。至於自由主義的代表人物為幕末的開明思想家橫井小楠，他認為自由貿易是「天地間的定理」，它既是民生問題，也是政治問題，更是日本得以與西方國家和平相處的問題。

了解現實主義與自由主義的概念，可從另一個角度切入東亞的地緣政治與地緣經濟，以及主要國家的互動關係。

戰後制定的《日本國憲法》第九條第一項明定：「日本國民衷心謀求基於正義與秩序的國際和平，永遠放棄以國權發動的戰爭、武力威脅或武力行使作為解決國際爭端的手段。」第九條第二項規定：「為達到前項目的，不保持陸海空軍及其他戰爭力量，不承認國家的交戰權。」

在和平憲法架構下，日本在安全保障上採取專守防衛的戰略，而在國家發展上則是採行「和平式經濟擴張」，推動在亞太地區建立包括美國資金、日本技術與東南亞資源為支點的「經濟鐵三角」。

「勉強現實主義」是最佳解方？

對於戰後日本的地緣戰略，究竟要以現實主義還是自由主義進行分析，一直處於對立的研究途徑。對此，美國的日本專家麥可．葛林（Michael J. Green）則提出「勉強現實主義」（reluctant realism）的概念。此一「勉強現實主義」，是日本國民對戰爭的反彈、周邊國家對日本軍備強化的疑慮，以及日本政府對國家利益的追求等因素制約下的妥協方案。

總的來說，日本的地緣戰略，反映日本所處的特殊情境，包括安全威脅的持續增強（如中國的軍事崛起與北韓的彈道飛彈）、武力行使的限制（和平憲法與國民的反戰思想）、安全利益與經濟利益的互斥（中日經貿的風險與利益）等。

換個角度看，冷戰體制下的日本，一度在東亞地區經濟發展取得主導權，並獲得美國的協助發展一定的防衛能力。而中國的崛起，無論是從政治、外交、經濟、科技還是國防安全，都讓日本感受到安全上的威脅。特別在地緣政治與地緣經濟的領域上，**日本與中國逐漸從合作的位置移動到敵對的位置**。

此一發展路徑，與鄰近的韓國、台灣有某種相似之處。韓國在地理上長期處於亞洲大陸強權的威脅之下；台灣則因戰後的政治分斷，而面臨外交與軍事的困境。韓國與台灣雖然都是東亞奇蹟的代表國家之一，但也與日本一樣，必須因應中國崛起帶來的困境：**安全利益與經濟利益的互斥**。

第七章

三位一體的新地緣觀

Chapter

7

◆台灣「有事」，美日會幫忙？

「台灣有事，即日本有事，也就是日美同盟有事。」日本前首相安倍晉三此言一出，兩岸問題成為日本國內熱烈討論的議題。

此番言論自二〇二一年十二月提出後持續發酵，原本屬於美中關係政治基礎的台灣問題，也成為影響日本國家安全的重大關鍵議題。而且台灣問題是東亞區域安全的第一張骨牌，一旦台灣這張骨牌倒下，勢必在東亞地區引發連鎖反應，危及日美安保體制與印太區域的和平穩定。

對現代的日本來說，台灣獨特的地理位置，對遏制中國的海洋擴張，以及穩定東亞地區的安全情勢上，具有重大的地緣戰略意義。

此外，台灣也是中國、美國及日本的利益交會點。堅持國家領土與主權統一的中國，以及主張維持和平穩定現狀的美國與日本，在台灣問題上的針鋒相對，形成牽動東亞與國際局勢的重大變數。

冷戰配角日本，躋身東亞安保主角

冷戰時期的日本，受到和平憲法的制約，只關注與日本領土有關的地緣線，乃致力收回琉球群島、小笠原群島與南千島群島（北方四島）。至於第一島鏈的其他群島，包括台灣、菲律賓在內，地緣價值雖然重要，最多只是日美安保體制關注的議題。而第二島鏈（關島連結澳洲、紐西蘭）與第三島鏈（關島連結大洋洲島嶼國家），更被日本視為只與美國國家利益有關的地區。

然而，當中國海洋軍事力量快速崛起，美中對峙情勢日益升高的二〇二〇年代，太平洋的島鏈已成為競爭新場域。身處其間的日本，除了持續提升海洋防衛力量，也開始積極關切海洋安全議題。

第一島鏈與第二島鏈，都已成為日本重要的國家利益所在。前者是與日本國家安全息息相關的主權線，後者則被視為與日本國家發展有關的利益線。而南太平洋地區的第三島鏈，則是在美日安保體系的全球化下，成為日本關注的重大議題。

特別在台灣議題上，台灣位於日本的海上生命線樞紐，從地緣政治的觀點來看，台灣有事自然也就是日本有事。何況台灣是日本在印太自由貿易圈的重要經濟夥伴，雙方長期維持緊密的經貿關係。例如，二〇二一年，台灣是日本第三大貿易夥伴國，且對台灣享有兩百六十九億美元的順差。

另外，自中國開始建構「紅色供應鏈」後，台灣的資通訊（ICT）[4]與半導體產業製造能力，是日本落實經濟安全保障戰略不可或缺的一環。無論是早先麻生太郎首相時期的「自由與繁榮之弧」，還是安倍晉三首相時期的「自由與開放的印太地區」，擁有共同價值觀的台灣，被視為日本形成海洋民主國家合作的關鍵。

「台灣有事」台、日民眾想的不一樣

過去，日本主流媒體對於台灣的報導，大多集中在產業互動以及四年一次的總統選舉。日本民眾對台灣的理解，也只停留在「對日友好」、「保留日本統治時期建築」、「料理好吃」等印象。隨著日本媒體對台灣情勢發展、半導體斷鏈的大幅

4 即資訊與通信科技（Information and Communication Technology，ICT）。

報導，當地民眾開始意識到，台灣海峽情勢的變化，並不只是美國與中國的事，也是日本的事。

日本民眾的危機意識，更在「台灣有事，即日本有事」的醞釀下，獲得前所未有的提升。日本政府更提出因應策略，包括取得遠攻飛彈、執行反擊能力、提高防衛經費上限至GDP的二%、修正防衛裝備轉移三原則等重大變革，在日本國內輿論上並未遇到太大的反彈。

根據日本一般社團法人共同通訊社（簡稱共同社）在二〇二三年五月的民調資料中，有八九%的日本民眾擔憂中國武力犯台導致「台灣有事」。但也有調查[5]顯示，對於日本自衛隊偕同美軍出兵對應台灣有事，有七四%的日本民眾表示反對，贊成的只有二二%。

與之相比，台灣民意基金會在二〇二二年八月的民調中顯示，有六〇%的台灣民眾相信，台灣有事之際日本會給予必要的協助，而認為美國會給予協助的只有四四．一%。

有事＝中文的「危機」、日文的「戰爭」

為何日本與台灣，對於「台灣有事」的應對方式，存在著如此大的落差？就如同民意調查所呈現的，六成台灣人相信日本會來幫忙，但超過七成的日本人反對介入。主要理由之一，是日本對於「有事」的定義，與台灣人所理解的「有事」，有著根本上的差異。

「有事」一詞用中文與日文表示，都是一模一樣的漢字。在具體的意涵上，日本的「台灣有事」指的是，台灣「已經陷入」戰爭或武力衝突的狀態；台灣的「台灣有事」指的是，台灣陷入危機情境，「極有可能發生」戰爭與武力衝突。因此，當「台灣有事」之際，多數的日本人不願捲入台灣海峽的衝突與戰爭，而多數的台灣人卻期盼危機情境下，日本會挺身相助。

多數日本民眾反對介入台灣有事的民調結果，可能會讓日本在對應台灣有事時

5 日本公益財團法人「新聞通信調查會」於二〇二二年十一月發布。

有所顧忌。事實上，一旦中國決定武力犯台導致「台灣有事」，日本有哪些應對的政策與手段？以此問題的日文詢問ChatGPT時，回答如下：

第一，透過外交管道進行對話與聯繫。日本將加強與國際社會的外交合作，如果台灣有事，將透過與相關國家和國際組織的對話來進行訊息交流與意見協調。為促進和平解決，利用外交管道至關重要。

第二，加強與維護和平與安全。作為安全保障合作的一部分，日本可能會採取防禦性措施來應對台灣有事。透過自衛隊的派遣、軍事合作與資訊共享，支持台灣的安全，維護區域穩定。

第三，與國際組織合作。日本將與國際社會合作，努力解決台灣有事。與相關國家和國際組織合作，利用國際壓力和外交手段來穩定局勢。

第四，提供人道援助。一旦台灣有事導致人道危機，日本可能提供人道援助。包括提供食品、醫療物資、接納難民等。

第五，國內外資訊傳播。日本政府將就事態進展與對應措施，向國內外傳播適當的訊息。在保持透明度的同時，向國民和國際社會提供適當的資訊至關重要。

回歸現實，日本助台三大困難點

在此必須強調的是，ChatGPT回答的因應策略，對現實日本而言有其窒礙難行之處。

首先，是日本的外交斡旋能力。目前日本參與的重要國際機制，包括與地緣政治有關的G7，以及與地緣經濟有關的OECD、G20、印太經濟架構、CPTPP等。日本除了CPTPP有相當的發言權與影響力之外，其他都是由美國與歐洲國家主導。

另外，日本與台灣進行安全合作的可行性。日本自衛隊無論是單獨介入，或是與美軍一同介入，除了會遭受日本民眾的反對之外，也可能直接觸動日本憲法第九條的禁忌。此外，日本是否有能力承受來自中國的反擊，也是必須考量的前提。

最後，是國際組織所發揮的功能。目前國際間維持國際和平最重要的組織為聯合國，當安保理事會常任理事國發起或參與戰爭時，聯合國維持和平的功能就會受限。一旦台灣有事，會因為安理會常任理事國的中國擁有否決權，導致聯合國無法發揮維持和平的功能。

對台灣來說，台灣有事時的應對策略，除了強化自我防衛力量之外，最重要的是如何與日美安保體制進行有效的合作。台灣必須理解，日本雖然高度關注台灣情勢，但目前對應台灣有事的手段相對有限。在可預見的未來，台灣有可能透過堆積木的方式，逐步在區域安全的相關事務上，累積與日本的交流經驗，進而共同降低「台灣有事」發生的可能性。

◆ 地緣風險當頭，日本對台關係是？

當我們理解台灣對日本地緣戰略的重要性，也清楚「台灣有事即日本有事」的背景，以及日本可能的因應策略與目前面臨的課題後，在論述台日雙邊關係之際，日本對台灣又有何地緣戰略價值？

在地緣風險的環境下，日本對台灣的戰略價值，可以從政治、經濟、外交與國防等層面來探討。

日本政治上友台，經濟上相互應援

在**政治層面**上，先來看日本國內政治發展對台灣的影響，目前日本在野黨支持度持續低迷的情況下，將進入自民黨政權長期執政的階段。對台灣而言，友台的自民黨持續執政，符合台灣的國家利益。

再者，相較美國，日本對台灣國內政治的直接影響力較不明顯。然而，透過緊密的台日民間交流、企業網絡等媒介，以及政黨國會外交的方式，日本可以間接影響台灣的政治發展。例如，每年都會率領成員訪問台灣的自民黨青年局局長，便是自民黨對台交流的正式窗口，「局長」一職更是自民黨政治家的重要資歷，像是麻生太郎、安倍晉三、岸田文雄等人都曾擔任過。

至於**經濟層面**，目前印太區域經貿發展的架構，是美日「自由與開放的印太區域」與中國「一帶一路」的競合關係。台灣具有參與CPTPP的高度意願，但在中國因素的影響下，主導CPTPP的日本是台灣能否加入的關鍵。此外，包含半導體在內的資通訊產業，其關鍵化學材料、生產設備與技術的供應，多數來自於日本廠商。因此，在台灣高科技產業的發展領域，日本扮演了重要的角色。

值得一提的是，台灣為了分散經濟過度依賴中國的風險，啟動了深化與東南亞國家經貿合作關係的南向政策。然而，無論是東協國家還是印度，日本的政府與企業均已建立良好的基礎網絡。在東南亞地區建立華僑與日商的網絡，以及活用台日經貿合作的經驗，可視為推動台灣南向政策的重要策略內涵。

從軍事外交到民主供應鏈，關係緊密

在外交與安全層面，日本對台灣的戰略價值來說，最主要是安全保障。以美日同盟為基礎的美日安全保障體制，被視為穩定東亞，乃至於亞太、印太地區的公共財。

在美日安保體制下，彈道飛彈防禦、海上交通防衛，以及離島防衛，過去主要是由美國的太平洋司令部（現更名為印太司令部）來主導。但隨著日本集體自衛權的解禁，以及「台灣有事即日本有事」論點的擴散，日本逐漸在區域防衛事項上扮演重要角色。

美國透過美日安保體制與《台灣關係法》來維持台灣海峽的穩定。過去十年，日本逐漸在兩岸互動中扮演一定的角色。這也意味著，台灣與日本的緊密互動，在兩岸關係上取得一定的籌碼。

對台灣與日本來說，中國風險日益升高、印太區域經濟整合逐漸深化的過程中，日本主導的CPTPP以及經濟安全保障戰略，是建立未來經濟規範的重要平台，也是台灣想積極參與的重要國際舞台。

尤其台灣的科技研發實力與強大的IT產業製造能力，是日本發展敏感技術、建構強韌供應鏈時的最佳合作夥伴。台日在二〇二〇年的雙邊貿易總額達六百九十二·八億美元，主要集中在執行面的技術合作，並未能取得日本對台灣參與區域經濟整合的具體支持。

如今在美中貿易戰與科技冷戰的國際政治經濟環境下，包括台日經貿關係在內，各國之間的經貿、技術合作關係，已擴大至高科技供應鏈的經濟夥伴關係。像是美國與台灣在二〇二一年舉辦的「台美經濟繁榮夥伴對話」（Economic

Prosperity Partnership Dialogue，EPPD），聚焦供應鏈韌性、經濟脅迫、數位經濟與5G網路安全、科學與技術等議題。

而日本半導體戰略在規劃階段，即涉及到研發技術合作、供應鏈重組等多面向的台日互動。由日本政府出資四千億日圓，補助全球代工龍頭台積電於日本熊本縣設立十二吋晶圓工廠就是具體的政策。此外，日本、歐洲所大力推動的經濟安全保障，涉及到民主供應鏈與自由貿易價值觀的議題，儼然形成民主國家與威權國家的經濟安全對立。

中日經貿關係為主，國民間反感度高

以東亞地區為場域的地緣戰略價值，也牽動著中日與台日**國民情感**，更進一步影響日本對台灣的戰略價值。

以最近的調查資料來看，在中日國民情感上，日本的非營利智庫「言論NPO」與中國的「中國國際傳播集團」，在二〇二二年十一月共同發布第十八次的「日中共同輿論調查」顯示，有八七．三%的日本民眾對中國反感，而圍繞在尖

圖 7-1. 台日關係與中日關係差異圖

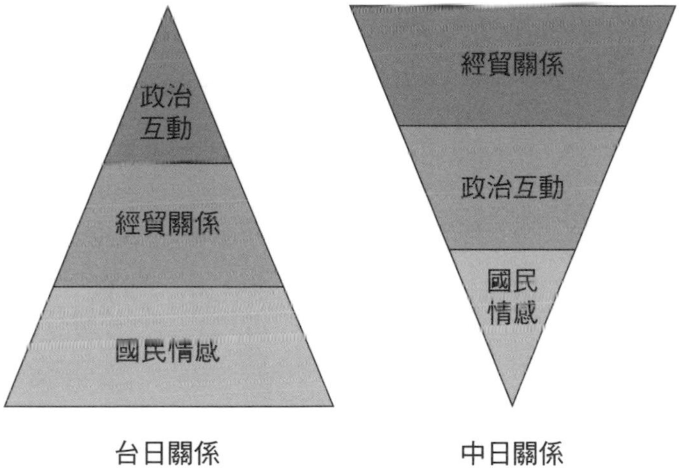

閣諸島、南海，以及違反國際規範作為（台海議題）的反感度最高。中國民眾對日本的觀感，具反感的則為六二．六％；反感度最高的議題為「與美國合作包圍中國」、「無法理解日本追隨美國的外交行動」等。

而在台日國民情感上，日本台灣交流協會在二〇二二年一月的調查顯示，有七七％的台灣人對日本抱有親近感，七成台灣人認為台日關係友好，六成認為日本是值得信賴的國家。台灣的駐日代表處於二〇二二年一月的調查也顯示，七

五．九%日本民眾對台灣有「親近感」，七一．四%日本民眾認為「目前台日關係良好」，六四．八%覺得台灣「可信賴」。

台日關係積極正面，同時受國際政治制約

可見日本國民對中國的觀感普遍不佳，但對台日關係則是維持高度正面積極的評價與感受。事實上，近年的台日關係，仍受限於國際政治的制約，無法進行頻繁的政治互動。但雙邊關係是建立在良好的國民情感上，並持續發展緊密的經貿關係，形成一個穩固的金字塔型互動模式。

而近年的中日關係，雖然呈現緊密的經貿關係，也有相當程度的政治互動；但在國民情感交惡的情況下，屬於脆弱的倒金字塔型互動模式（見圖表7-1），完全依靠雙方的政治互動來平衡中日兩國的經貿關係與國民情感。若中日政治互動良好，國民情感不致影響經貿關係；若中日政治互動不良，國民情感將直接衝擊經貿關係，倒三角形的互動關係將更岌岌可危。

◆小島大戰略，台灣「三位一體」地緣觀

談到台灣的「戰略地位」之前，不可避談的就是中國對台灣的戰略思考，以及台灣自身的國家利益所在，才能進一步思考未來的方向與作法。

何謂「戰略」？

一般的理解是指以國家的發展目標與國力為基礎，綜合判斷國內外情勢後所制定的整體策略。例如，日本明治國家成立之初，首要目標為廢除不平等條約與富國強兵，並由此衍伸出大久保利通與大限重信推動的「殖產興業」、福澤諭吉的「脫亞論」等國家戰略。台灣則是在一九九〇年代之後，為強化經濟與外交經濟影響力，推動「亞太營運中心」、「南向政策」等國家戰略。

至於「國家利益」，則與客觀環境的地理條件與主觀的國家定位有關。例如，國家所在的地理位置是臨海、內陸、半島還是海島，位於熱帶、溫帶還是寒帶地區，國土面積的大小與人口多寡等，屬於客觀的地理條件。國家的歷史、民族與文

化認同，在國際社會扮演的角色，以及對價值觀的選擇等，則是屬於主觀的國家定位。上述的主客觀因素，都會直接影響國家利益的內容。

中國眼中的「台灣問題」

在主觀的國家定位上，從中國的角度來看，台灣問題是一個結合民族、歷史、文化的重大議題。

中國長期主張，必須擺脫百餘年來國家主權被西方列強侵蝕、分裂的歷史屈辱；而「同文同種」的台灣是中國領土神聖不可分割的一部分。因此，中國取得台灣，不僅僅是因為台灣在地緣上具有關鍵的地位，更是因為「統一台灣」是民族意識、文化認同的重大課題。

然而，中國國家領導人在取得台灣的手段上，仍有些微差異，如毛澤東的「血洗台灣」、鄧小平的「一國兩制」與習近平的「反獨促統，不排除動武」，但都強調對台灣主權的完全擁有，以及統一台灣的神聖使命。換言之，在中國國力持續崛起之際，台灣問題被視為國家發展與中華民族復興的核心任務。

因此，在「台灣問題」上，中國強調客觀的地緣要衝與主觀的民族大義，宣稱「台灣問題是中國的內政，任何外國不得干涉」。美國與日本則是從第一島鏈、半導體供應鏈及民主價值鏈的思維，主張台灣海峽的和平與穩定，是關係區域安全與全球發展的重大議題。

上述發展在在顯示台灣的地緣價值，讓台灣問題與周邊國家的地緣利益產生連動，更成為美國、日本與中國的利益交會點。此外，由於各國對台灣問題的強烈關注，也讓台灣問題日漸國際化。所以，台灣也有必要正視本身的地緣價值，以及由此延伸的地緣戰略。

「三位一體」大戰略思考找解方

對台灣而言，以自身為核心的地緣戰略，必須是一種涉及國家利益與國家能力的「大戰略」。所謂大戰略，可定義成國家考量其「國家定位」，運用所有權力手段來達成目標的總體戰略。例如，大日本帝國時期的「大東亞共榮圈」、冷戰時期美國提出的反共主義「圍堵」，以及中國的「一帶一路」等，都可視為特定時期該國的大戰略。

至於台灣在思考大戰略時，必先考量三項戰略要素：首先是位於西太平洋三條島鏈中的第一島鏈中心；其次是台灣的戰略價值同時涉及地緣政治、地緣經濟與地緣科技；以及全球三個最重要的國家，即美國、中國與日本均高度關注台灣。

第一，三條島鏈。

台灣因位於第一島鏈中心的位置，而成為海權國家美國與陸權國家中國之間的利益交會與衝突所在。美國設定的三條島鏈中，最重要且最具嚇阻力量的就是第一島鏈。一旦第一島鏈被中國突破，就如同第一張骨牌被推倒，美國的亞洲太平洋戰略將會遭受巨大衝擊。因此，維持台灣在第一島鏈上的角色與功能，是美國亞太與印太戰略的核心目標之一。

對中國來說，台灣是打破島鏈包圍的重大關鍵，也是穩固中國藍水海軍（具遠洋作戰能力的海軍型態）發展的要衝，所以，確保台灣最終回歸中國統治之下，是中國實現中華民族偉大復興的必經之路。

第二，三種地緣。

台灣除了在地緣政治上位於強權國家利益的要衝，以及海權國家與陸權國家必爭之地；在地緣經濟上，台灣於二〇二二年的GDP即超過七千六百億美元，是全球第二十一大經濟體，並在資通訊產業的供應鏈上，扮演著無可替代的角色；在地緣科技上，台灣的半導體實力足以影響相關科技、產業所延伸出的發展與管理戰略，直接牽動全球政治、軍事、經濟與產業動向，全球主要國家都在關注台灣的半導體產業策略與趨勢。

第三，三大國家。

全球最大經濟體，軍事力量也遙遙領先各國的美國；全球第二大經濟體，經濟與軍事力量快速崛起的中國；全球第三大經濟體，在製造業上掌握關鍵技術的日本，全球最重要的這三個國家，均將台灣問題視為其國家利益的一部分。

美國、中國與日本對於台灣問題的態度、立場與政策，除了涉及自己國家的利益之外，也因為大國的影響力而擴及至區域安全乃至於全球安全。

圖7-2.三位一體的台灣地緣戰略價值

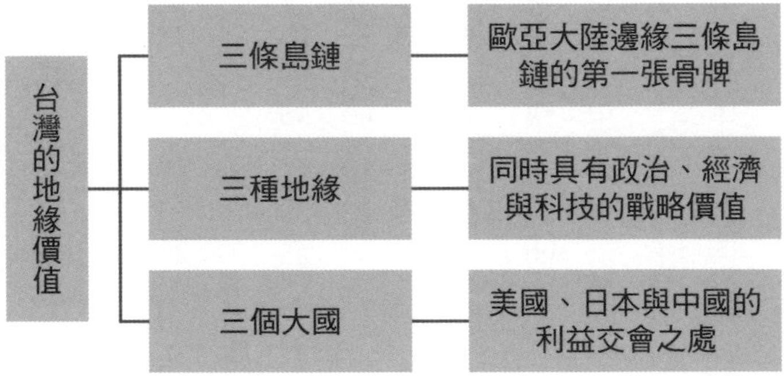
台灣的地緣價值
三條島鏈
歐亞大陸邊緣三條島鏈的第一張骨牌
三種地緣
同時具有政治、經濟與科技的戰略價值
三個大國
美國、日本與中國的利益交會之處

地緣政治結合地緣經濟，強化地緣科技

台灣的地緣戰略價值，同時牽動了「三條島鏈」、「三種地緣」與「三大國家」（見圖表7-2），此一特殊的經濟、外交與安全情勢，在人類歷史上也極為罕見。

因此，台灣在思考大戰略之際，首先要以地緣政治的觀點，建立相應的防衛能力。擁有在第一島鏈中央地帶的防衛能力，方可取得美國與日本的戰略重視，以及嚇阻中國武力犯台的企圖。

在地緣經濟上，善用在供應鏈上的影響力。除了積極擬定參區域經濟整合的戰略，持續在東南亞、東北亞與中國之間的經貿網絡中，扮演樞紐的角色。

最後是地緣科技部分，要強化半導體的領先優勢。半導體之於台灣，就像是凌空飛翔的翅膀，這雙翅膀（半導體產業）愈強壯，就可以讓台灣飛得更高更遠。

總之，牽動台灣命運與發展的選擇，必須是以台灣為主體，結合地緣政治、地緣經濟與地緣科技的三位一體大戰略。

選抗中或和中路線，先看台灣與美日中關係

而周旋在美中日三個大國之間，台灣更必須透過自己的地緣利益，思考與這三個大國的互動。對此，台灣內部曾經出現兩派不同的意見：

主張「親美、友日、和中」一派認為，周旋在大國之間的小國，為了生存必須與各方保持等距、友善的關係。另一派強調「親美、聯日、抗中」，認為小國有必要選擇具相同價值觀的盟國，方能取得安全與發展的空間。

這兩派意見最大的分歧點，在於如何看待兩岸關係，也就是台灣究竟要選擇「和中」還是「抗中」？

這兩派的爭辯，自二〇〇〇年之後便持續影響台灣的政治、經濟、外交與安全的政策走向。除了台美之間維持緊密關係，台日之間維持友好關係之外，兩岸關係會受到國際環境、政黨主張與決策者意識形態的影響而出現重大波動。

若回到戰略利益的觀點，可以換個角度剖析台灣與美國、日本與中國的關係。首先是美國。**對台灣來說，美國是強化與維持台灣戰略價值的必要成本。**雖然台灣必須支付相對高價的美製武器，扈從美國的經濟與外交政策，但正是因為這些「必要成本」，讓台灣取得美國的支持，從而強化與維持自身的地緣價值。

至於日本。**對台灣來說，日本是策略夥伴。**日本的資金與技術是台灣得以創造經濟奇蹟的重要因素，美日安保體系則是提供台灣安全保障的重要屏障，而日本的半導體材料與設備，是台灣維持半導體領先優勢不可或缺的條件。

最後是中國。**中國是台灣的風險，**台灣需要以風險管理的思維來思考兩岸關係。而且是包括政治、經濟、軍事與外交在內的多面向風險，且根據預防風險、緩解風險階段與承擔風險三階段，提出不同的因應策略。

而先前提到台灣內部出現「抗中」或「和中」的兩派不同意見，主要就是因為在風險階段認知出現落差。

面對中國風險，兩岸關係現處緩解風險階段

「和中派」認為現在處於預防風險階段，建立溝通管道以維持兩岸關係的良性發展，可以有效預防風險的發生。「抗中派」認定目前處於承擔風險階段，無法獨力承擔風險的台灣必須聯合友台國家，共同應對日益激化的中國風險。

然而，介於**預防風險階段**與**承擔風險階段**之間，還存在著**緩解風險階段**。此階段最重要的，是判斷與分辨各種不同的風險威脅程度，進而思考與制定對應策略。以兩岸關係來說，來自中國的風險是既定事實，並不完全適用「預防階段」的思維。另一方面，目前中國風險在不同領域造成的威脅程度不一，也不完全適用「承擔階段」的思維。

當前的兩岸關係，應該處於「緩解風險」的階段。此一階段的最佳因應策略，是全方位進行中國風險的環境掃描，動態地判斷高度風險、中度風險與低度風險的領域，並依據風險程度提出不同的對應策略。

國際學堂

ChatGPT如何解讀「台灣有事」

以中文「台灣有事」詢問時下最熱門的AI軟體ChatGPT回答，可以得到日本可能對應的策略如下（見圖表7-3）：

第一，政治支持和外交立場。日本可能會將政治支持表達給台灣，強調維護和平、安全和地區穩定的重要性。日本的外交立場可能會在國際組織中支持台灣的參與，並在國際舞台上表達對台灣的關切。

第二，外交斡旋。如果台灣和其他國家之間存在爭端或緊張關係，日本可能會提供外交斡旋的角色，幫助各方進行對話，達成和平解決方案。

第三，人道援助。日本可能會提供人道援助，包括物資、救援隊伍、醫療援助等，以支持台灣應對自然災害或其他緊急情況。

第四，安全合作。日本可能會加強與台灣的安全合作，包括情報分享、軍事

圖表7-3.中日文ChatGPT回覆「台灣有事」

因應策略	ChatGPT中文資料庫	ChatGPT日文資料庫
外交管道斡旋	○	○
與國際組織合作	○	○
提供安全合作	○	○
提供人道援助	○	○
提供經濟合作	○	×
確保資訊傳遞	×	○

交流和訓練，以幫助台灣加強自身的國防和安全能力。

第五，經濟合作。日本可能會加強與台灣的經濟合作，提供經濟支持和投資，以促進台灣的經濟發展。

第六，國際合作。日本可能會在國際社會中與其他國家合作，制定共同的對台政策，以確保地區的和平穩定。

第八章
半球化下的戰略選項

Chapter 8

◆生存優先，還是發展優先？

二〇二三年八月，中國手機大廠華為在沉寂多年之後，推出型號為Mate 60 Pro的新款高階智慧手機。該款手機採用中芯國際（SMIC）生產的七奈米晶片，超過九〇%、約一萬種的零組件，都是由中國廠商提供，並擁有5G功能。

這個消息震撼了美國政府，因為在美中的貿易戰場上，華為是美國最主要的假想敵。而美國於二〇一八年提出的「小院高牆」策略，主張必須對於人工智慧、量子計算和半導體等核心特定技術（即「小院」），劃定嚴格的戰略管制（即「高牆」），就是為了封鎖以華為為代表的中國科技。

如今華為高階智慧手機的上市，以及預計一千七百萬台的量產能力，顯示中國已部分突破美國所建立的「高牆」。

華為高階智慧手機的出現，也同時揭開「半球化」時代的序幕。昔日，「全球化」促成了東亞奇蹟，亞洲四小龍叱吒東亞。但近年美中之間的兩國爭霸，從地緣政治到經濟，半球化趨勢已然成形。

《銀河英雄傳說》裡的國家生存之道

在半球化的時代，國家該何去何從？也許日本科幻小說《銀河英雄傳說》的「費沙自治領」，可以提供一些有參考價值的經驗。

一九八二年至一九八九年之間，日本作家田中芳樹寫了一套十本的科幻戰爭小說《銀河英雄傳說》，出版至今，在日本國內共銷售超過一千五百萬本，引發一陣「銀河英雄熱潮」。書中所闡述的世界觀，係在遙遠的未來，人類足跡已經擴展至整個銀河系，並形成三大勢力：分別是擁有兩百五十億人口的專制體制「銀河帝國」、擁有一百三十億人口的民主體制「自由行星同盟」，以及擁有二十億人口的強大經濟體獨立城邦國家「費沙自治領」。

從整體國力來看，銀河帝國、自由行星同盟與費沙自治領的國力對比，為五比四比一。在小說的結局中，歷經無數政治陰謀與軍事戰爭，最終銀河帝國併吞了其他兩大勢力，一統銀河系。

小說中，在銀河帝國與自由行星同盟兩大軍事強權對立下，中立貿易國家費沙自治領的設定格外引起讀者關注；儘管軍力不若兩大強權，但因其特殊的地理位置與經貿實力，而得以周旋在銀河帝國與自由行星同盟之間。

小說中描述到，只有兩條「迴廊」航道連結銀河帝國與自由行星同盟；一條是已淪為兩大勢力衝突戰場的「伊謝爾倫迴廊」，另一條是以費沙自治領為中繼地的「費沙迴廊」。若要自由且和平地往來於銀河帝國與自由行星同盟，只能借道費沙迴廊，進而凸顯出費沙自治領的地緣價值。另一方面，位於帝國與同盟之間的緩衝地區，費沙自治領藉由其經貿實力，作為帝國與同盟之間的貿易中介。

現實世界的「費沙自治領」是……

讀者對於費沙自治領的設定，關注的焦點主要集中在下列兩點：第一個關注點是，在現代國際社會中，哪個國家或地區比較像夾在兩大強權當中的費沙自治領？

著眼於經貿實力者認為，日本就像費沙自治領；雖然擁有強大的經貿實力，但缺乏足以防衛自己的軍事力量。

著眼於自治領地位者認為，香港就像費沙自治領。小說中的費沙自治領是銀河帝國的屬地，但擁有自治權力與經貿影響力。如同現實世界的中國就是銀河帝國，美國則是民主的自由行星同盟。一九九七年之後，沒有軍隊的香港既是中國的屬地，也是民主國家與中國之間的貿易中介。

但著眼於地緣政治者認為，台灣就像費沙自治領。台灣位於第一島鏈中央，是中國（銀河帝國）擴張海洋權力必經的通道，也是美國（自由行星同盟）阻止中國進入西太平洋的要塞。

讀者的第二個關注點是，即便具有強大的經貿實力，最終依舊無法確保自己的生存權益。費沙自治領雖然積累了全銀河系一成以上的財富，且透過貿易交易攏絡銀河帝國的貴族與自由行星同盟的高官；但在強大的軍事力量之前，也只能舉手投降。

尤其在小說描寫的「第一次諸神的黃昏」作戰中，銀河帝國軍佯裝向自由行星同盟的伊謝爾倫要塞進行大規模作戰，實際上卻以強勢軍力占領費沙自治領，後來更將費沙定為銀河帝國的首都。日本的讀者對此一描述特別有感。

擁有經貿實力不能確保生存權益

因為二次世界大戰之後，美國對日本的政策是以完全解除日本武裝為主要考量，所以主導戰後初期日本的安全保障政策，並將此一思維載於《日本國憲法》中。在這份「和平憲法」中，第九條強調的「放棄戰爭」、「不擁有武力」與「否認交戰權」，最初是為了將日本打造成「非武裝」、「非軍事」的國家。

然而，「非武裝日本」，若不靠自己的武力，要如何確保自身安全？原本美國規劃，倚靠一九四五年成立的聯合國（UN）來確保「非軍事」國家日本的安全。只是，《日本國憲法》才公布的隔年，在共產主義勢力的威脅下，美國決定讓日本重新取得軍備力量，以協助其在東亞地區對抗來自蘇聯與中國的威脅。

此一發展態勢，最初在日本國內引發極大反彈。因為一旦美蘇之間發生戰爭，日本勢必成為攻擊的首要對象。在各種限制與妥協下，日本成立了自衛隊，但日本的國土防衛倚靠的是日美安保體制。

在戰後很長的一段時期，日本的國家發展戰略是維持最低限度的防衛力量，並將資源投入經濟與產業領域，推動了日本經濟的急速成長。然而，隨著日本周邊安全保障環境的變化，包括中國軍事力量與海洋戰略的強化、北韓彈道飛彈的威脅、太空與網路空間的軍事化應用等。日本深切認知到，**只擁有經貿實力並不能確保國家的生存權益**。

◆東亞安全困境，潛藏擦槍走火危機

「安全困境」（security dilemma）是國際政治中經常使用的名詞，是指一個國家認為其安全受到威脅時，會強化軍事實力以確保安全，因此常會跟「軍備競賽」一起出現在當代國際情勢分析的論述當中。

然而，這些強化軍力的舉動，會被對象國家視為安全上的威脅，反而促使其加強軍力。因此，原本為了確保安全的政策措施，反而造成更加緊張的情勢發展，甚至升級為衝突與戰爭。

中國風險帶來危機感，日本自衛權鬆綁

至於國家之間為何出現安全困境的最重要原因，是對彼此戰略意圖的不確定（或是誤解）。例如，中國對外強調其強化海軍力量，是為了達成「近海防禦」的目標；但美國與日本則認為，中國的戰略目標是為了突破第一島鏈。

於是二〇一四年，日本強力推動安保關連法案的修正，便是東亞地區緊張情勢升高的一項反應。日本開始正視強化自身軍備力量的重要，以及重新定義自衛權行使的條件。在新的法律規範下，日本從「平時」到「有事」所處的情境，可劃分為「灰色地帶事態」、「重要影響事態」、「存亡危機事態」與「武力攻擊事態」等四個階段（見圖表8-1）。其中，日本的自衛隊在「重要影響事態」、「存亡危機事態」與「武力攻擊事態」等三種情境下，可行使自衛權。

日本先重經濟發展，轉向國家生存

回到一九八〇年代出版的《銀河英雄傳說》內容。當時的日本專注經濟發展，

圖表8-1. 日本自衛權鬆綁，從「平時」到「有事」四事態

灰色地帶事態	・不屬於和平時期、亦不屬於戰爭衝突的狀態。針對性明確的侵擾行動，如持續性在特定地區進行軍事演習、軍機軍艦巡航等。
重要影響事態	・對日本和平與安全帶來重要影響之事態。若放任不管，可能發展成武力攻擊。 ★ 自衛隊可行使自衛權
存亡危機事態	・與日本關係密切的他國受到武力攻擊，以致威脅到日本存亡的明確危險。 ★ 自衛隊可行使自衛權
武力攻擊事態	・日本直接受到武力攻擊。 ★ 自衛隊可行使自衛權

而取得「日本第一」的耀眼成果。但受限於憲法第九條的規定以及防衛預算等的制約下，缺乏足夠的自我防衛權力，必須倚靠「日美安保體制」與駐日美軍。

猶如《銀河英雄傳說》中的費沙自治領情節，其發展路徑與最終命運，對當時的日本不啻為一記警鐘。自此之後，在經濟發展與國家生存的選擇上，日本逐漸調整政策順位，投入更多資源來強化自主的生存手段。

台灣與日本的發展路徑，呈現出相當的對比關係。從二次世界大戰後的歷史來看，日本是從原本的專注發展，調整為重視生存；台灣則是從原本的專注生存，調整為重視發展。

如前所述，戰後的日本有美日安保體制與美國核子傘的屏障，不必支出龐大的防衛經費，自衛隊人數一直維持在二十五萬人以下。同時日本歷屆政府均將防衛預算控制在GDP的一%以下，而把國家資源投入經濟產業領域，進而快速發展成為先進工業大國。

然而，在一九九一年的波斯灣戰爭中，儘管日本提供高達一百三十億美金的援助資金，卻未受到國際社會的重視。加上近年來北韓發展彈道飛彈、中國威脅論與起，日本開始積極進行防衛體制的變革與提高防衛的能力，並且宣布將在二〇二七年提升防衛預算至GDP的二%。

台灣的「生存」與「發展」比重變化

對比台灣，則是在戰後中國的「血洗台灣」、「武力統一」軍事壓力下，有很長一段時間維持六十萬人規模的國防部隊。從「圖表8-2」可以看出，戰後初期台灣的國防預算一度占中央政府總預算的七〇%以及GDP的八%以上。在國防經費的擠壓下，很難籌措足夠的預算來規劃基礎建設與科技研發。直到一九八〇年代之後，台灣的國防預算才降到中央政府總預算的四〇%以下，一九九〇年代更降到三〇%以下。

只是隨著東西對抗國際局勢的緩解，以及中國走向改革開放，台灣的地緣政治思維開始從「生存」的天平傾斜至「發展」的天平，提出包括建立「亞太營運中心」在內的戰略構想。

此時，台灣不再大幅增加國防預算，而是轉向基礎建設與科技產業的投資，台

圖表8-2.戰後台灣國防經費占比逐年降低

年度	國防經費（台幣）	占中央政府預算（%）
1951	11億元	77.41
1960	59億元	74.72
1970	184億元	60.09
1980	810億元	40.18
1990	2,109億元	31.34
1995	2,340億元	23.48
2000	3,432億元	15.39
2005	2,485億元	15.86
2010	2,767億元	16.73
2015	3,127億元	15.82
2020	3,580億元	16.4
2024	6,068億元	14.96

台灣經濟開始起飛，國防預算逐年下降

資料來源：歷年國防報告書資料

灣經濟也自一九八〇年後開始出現爆發式的成長。進入二〇〇〇年代，台灣國防預算長期只占總預算的一五％與GDP的二％左右。不過，二〇一八年之後，中國軍事預算的激增導致兩岸軍力嚴重失衡，台灣的地緣戰略再度從天平的「發展端」，逐漸朝向「生存端」傾斜。

◆東方「莊子」思想解讀東亞地緣政治

在了解日本與台灣的戰後國家發展路徑差異，以及不同時間點的考量變化後，可以看出地緣政治原本就有因地、因時制宜的特色，進而確立的地緣的時間與空間要素。

而中國經濟與軍事的快速崛起對台灣與日本帶來的影響，讓地緣政治呈現了另一個「權力比較」的特色，進而確立地緣的相對與絕對要素。對於身處地緣關鍵地區的中小國家而言，其地緣戰略同時受到國家生存發展的需求，以及大國間合作與競爭的制約，也確立地緣的我者與他者要素。

「河伯」與「北海若」對應的地緣觀點

在對地緣的時間空間、相對絕對與我者他者進行詳細論述之前，先來看一篇大家所熟知的文章《莊子．秋水篇》。

文章一開始就以「秋水時至，百川灌河，涇流之大，兩涘渚崖之間不辯牛馬」，描寫秋季雨水連綿，流域內支流匯集成河面廣闊的大川。以此自滿的「河伯」順流而至北海，自嘆不如之餘，引發了「河伯」與「北海若」之間七段充滿哲理的對話。

其中，北海若以「井蛙不可以語於海」、「夏蟲不可以語於冰」、「曲士不可以語於道」，說明井底之蛙受「空間」所限，夏天蟲子受「時間」所限，偏狹之人受「自我」所限，以致無法認識自身之外的客觀環境，當然也就無法準確的思考與規劃未來。

此外，針對外在事物的判斷基準，北海若提出「以道觀之，物無貴賤」的主張，認為透過自然常理的觀點來看，萬物本就沒有貴賤之別。而人世間的貴賤、大小、有無、功過、順反等，都是相對的概念。

同一個物件，如果拿來跟大的物件相比會是渺小的，如果拿來跟小的物件相比會是巨大的，例如，地球相較銀河系是渺小的，與單一國家相比卻是巨大的。換言之，**關於事物的價值判斷，只是來自於特定時空環境下的「相對」概念，並沒有「絕對」的標準。**

先放下人文學的角度，以社會科學的角度來看，文中所闡述的時間／空間、相對／絕對、我者／他者等概念，除了可說明天地至理以及人與人之間的互動之外，更可擴展至國家與國家之間的關係。

而國家與國家之間的關係，一方面是規範地緣戰略的現實基礎，另一方面則是落實地緣戰略的結果。

地緣的時間與空間：東亞「秋水」已至

〈秋水篇〉中的「河伯」自認為，天下之水盡歸自己所有而沾沾自喜，最主要是因為時間與空間變化所造成的。時間上指的是「秋水時至」，也就是秋天帶來的大量雨水；空間上指的是「百川灌河」，也就是原本的河道因大量雨水注入而瞬間變成「大川」。

時間與空間環境的變化，讓河伯自以為，天下之美盡在自己的手中。若無秋水，也許河伯的心中就不會出現自滿與自傲之心。因此可知，時間與空間要素的影響力。

由此對照，東亞地緣政治的「秋水」已然到來。

中國的改革開放政策在全球化趨勢下，過去三十年間快速建立中國在區域經濟、軍事與外交領域的影響力，甚至超越日本成為全球第二大經濟體，讓中國興起「東亞盡在我手」的自滿想法，進而將強調「韜光養晦」的發展戰略，轉變為著重「有所作為」的國家戰略。

時間與空間的因素，不僅改變中國的地緣戰略思維，也正如秋水氾濫一般，對周邊國家帶來影響。特別是中國的自滿思維與積極作為，已被周邊國家視為風險與威脅。

地緣的相對與絕對：依權力消長的大戰略思維

一般人認為，〈秋水篇〉的核心思想是要破除外在的差異，回歸自然的常理。但更深層的意涵應該是，天下萬物的所有差異都是相對的，而非絕對；人對於外在環境的思考模式，要從絕對思維轉向相對思維。

在地緣政治領域中，也是先有地理位置的相對比較，後有地緣思維的形成。因此，規劃地緣戰略時，要放下絕對思維而轉向相對思維。

以戰略規劃觀點而言，東亞地區已成為主要國家制定大戰略時的核心地區。面對東亞局勢的變遷，各國的大戰略必須同時具有綜觀全局的戰略目標，以及衡量相對權力消長的戰術作為。

換言之，當建立東亞地區的和平穩定與經濟發展是核心戰略目標時，主要國家對中國的政策，是隨著中國國力變化而形成，包括強化軍事部署以嚇阻中國的勢力擴張、結合國際輿論對中國的威權體制進行批判、掌控半導體供應鏈以圍堵中國的科技發展等戰術作為。

地緣與我者與他者：看清自己與外在變化

〈秋水篇〉中另一個重要的論點，就是變與不變。短期的空間、事物是經常變化的，特別會因「參考點」的不同而出現變化。

莊子認為，在廣大的時空環境下，君王所統治的國家與土地，政治家所擔憂的天下百姓，都只是大糧倉中的細碎米粒而已（即「似稊米之在大倉」）。但既身處天下棋局當中，有智慧的人必須要能「觀察變化」、「參與變化」，方能「安於變化」。

無論是觀察變化還是參與變化，首要之務就是確立自我的參考點，也就是**原點座標**。因為觀察變化必然是從自我的視角理解外在環境的變化，而參與變化則是主動介入自我與外在環境的互動關係。

在明辨自我的變化與他者的變化後，方能規劃出「**安於變化**」的地緣戰略。也就是說，在地緣張力緊繃乃至趨於極限的地區，身處其中的中小國家，必須先確立自己的地緣戰略原點座標，時時關切外在環境的情勢變化，才能具備「安於變化」

的應變能力。

美日聯手「印太」抗中，阻擋「秋水」氾濫

二〇一〇年代之後的中國，受惠於「戰略機遇期」而快速崛起，就像秋水到來般地從普通涇流變成形成流域廣泛的大河。與此同時，周邊之地也擔心，若秋水不停導致大河氾濫，將會產生極大的影響。於是以美日兩國為首，提出結合全球地緣概念與東亞情勢，以及因應中國崛起的「大戰略」構想，即「印度太平洋戰略」。

若從時序來看，「印太」概念首次登上國際政治的舞台，是二〇一〇年十月美國國務卿希拉蕊率在夏威夷公開表示，美國理解印度太平洋盆地對全球貿易和商業的重要性。

只是當時所提及的「印太」概念，還停留在地理上的概念，並未被賦予戰略的內容。她強調的是，太平洋和印度洋區域有美國的重要盟友，以及中國、印度和印尼等新興強國，是美國「重返亞洲」戰略（pivot to Asia）的延伸。

到了二〇一二年，時任日本首相的安倍晉三於《評論彙編》網站發表題為〈亞

洲民主安全之鑽〉一文後，印太地區的戰略構想開始出現在各種論文、報告書與政策宣示中。

例如，二〇一三年五月公布的《澳洲國防白皮書》中，將印太地區列為澳洲的四個戰略利益之一。中國國家主習近平也於二〇一四年十一月的亞太經合會(APEC)中，提出與印太地緣重疊的和「二十一世紀海上絲綢之路」(一路)，並連結「絲綢之路經濟帶」(一帶)概念形成「一帶一路」戰略。

「他者」角度的印太戰略，台灣如何看待

然而，在過去十年間，「印太」何以快速成為主要大國與周邊國家的地緣戰略核心？

原因一是，在太平洋周邊的東海與南海區域，中國、日本、美國、越南等國在領土與航行自由的對立，自二〇一〇年之後開始成為影響區域情勢的重大議題，並波及印度洋區域。

原因二是，中國、印度等新興強權的崛起，延伸這些國家的安全保障空間，也

擴大傳統地緣政治的現實空間，導致「印太」概念成為地緣的關鍵密碼。

原因三是，周邊國家認知到，必須依據法定原則來規範航行自由等原則、經濟海域的互動，以及領土紛爭的解決。由於此一法定原則必須同時適用於太平洋與印度洋區域，因而確立了「印太」概念的戰略意涵。

無論是美國、中國、日本乃至於印度、澳洲等國，在思考與規劃其印太戰略時，都是以自己的國家利益、國家能力為出發點。以美國為例，是為了遏制中國的海洋擴張，以確保在印太地區的影響力。日本則是與包括美國在內的自由民主國家合作，在維持國家安全的同時，也推動在印太地區建立和平穩定的發展環境。

因此，在「他者」的印太戰略中，有時會出現一些對「他者」有利，但卻對「我者」不利的戰略論點。例如，一旦台灣海峽發生衝突，為了阻止中國取得高階半導體的生產能力，海外部分言論主張，不惜炸毀台積電在台灣的晶圓廠。

台灣必須思考，「我者」的地緣戰略

總的來說，台灣既像《銀河英雄傳說》中的費沙自治領，手握中國與周邊國家安全發展的咽喉；同時，台灣也如《莊子・秋水篇》中的秋雨時節，受到「河伯」水勢大增的直接衝擊。

由於台灣是印太地區的地緣關鍵，因此在各國的印太戰略中，大多會被提及。但從台灣的角度來看，這些論點都屬於「他者」的地緣政治。

因此，面對情勢變化下各主要大國的戰略規劃，台灣除了要觀察變化、參與變化之外，更要以「我者的」地緣戰略配合「他者的」地緣戰略，才能在大國競爭的東亞地區，才能建立「安於變化」的戰略意志與應變能力。

愈是在東亞地緣關係緊綳的時期，台灣愈有必要思考「我者的地緣戰略」，也就是「台灣的地緣戰略」。

PART 3

第三部 後冷戰與現冷戰

第九章 東亞「現」冷戰格局

Chapter 9

◆從反「共產主義」到反「中國主義」

西元前四八〇年，希臘雅典城邦聯軍擊敗波斯帝國，結束了長達半世紀的「希波戰爭」。希波戰爭之後，原本國力一般的雅典，日益壯大。雅典的崛起引起既有強權斯巴達的驚恐，以雅典為首的城邦聯盟，與以斯巴達為首的城邦聯盟城邦之間，出現嚴重的對峙，最後爆發著名的「伯羅奔尼撒戰爭」。這場歷時近三十年的戰爭，最後是以雅典的慘敗收場。但是，勝利的斯巴達也經濟崩潰而喪失希臘軍事霸主的地位。

古希臘的歷史學家修昔底德，詳細地描述了此一戰爭。之後，國際政治學者們以此役為例，做出以下推論：**新崛起的霸權與現存的霸權之間，戰爭是不可避免的。這就是經常被提起的「修昔底德陷阱」**。

把視角轉回到東亞地區。無論是贊成還是反對「修昔底德陷阱」的論述，都無法忽視一個事實——即歐美國家宣示的「終結冷戰」，並沒有降低東亞的緊張情勢；包括朝鮮半島與台灣海峽，依舊維持對峙的分裂情勢。而這兩個地區，也是當前國際政治高度關注的火藥庫。

歐美地區「後冷戰」，並未出現在東亞

事實上，國際關係環境與地緣政治之間的變化與影響，互為因果。東亞地區的地緣政治發展，在過去一百年間，便受到三件重大國際事件影響：首先是以美國、日本與中國為主要行為者的太平洋戰爭，日本戰敗。接著是一九四七年開始，以美國、日本、蘇聯、中國為主要行為者的冷戰（cold war）。以及一九九〇年代中期之後的全球化促進「中國崛起」。

相對於二次世界大戰後，**歐美國家眼中的「後冷戰」和平，並未在東亞地區落實。**原本在冷戰時期就存在的領土與政權紛爭，如朝鮮半島、台灣海峽、北方四島、竹島（獨島）、釣魚台列嶼（尖閣諸島）、南海等地區，各國的對峙情勢不僅沒有緩解，反而日益升高。從這個面向來看，**東亞地區從未進入後冷戰時期，依舊是「現冷戰」（colding war）的格局。**

從地緣政治的觀點來看，東亞地區的現冷戰因為中國的崛起，依舊是強調陸權、海權的國家競爭；傳統的自然資源、出海港口、國家位置等現實地理環境因素，持續主導東亞國家的戰略思維。加上科學技術的變化（從空軍、長程飛彈到5G、AI）、國家互動關係的變化（從軍事競爭到經濟互賴），以及國力衡量基準的變化（從軍事力到國家競爭力），**「經濟安全」的概念快速地成為東亞地緣政治的關鍵字。**

而東亞地區的這些變化，意味著資源配置、移動方式與貿易手段的改變。對於身處該地區的國家而言，如果忽視此一變化，將會遭遇極大的地緣風險。換言之，在「現冷戰」的東亞地區，一直存在的各種地緣風險，因為出現中國崛起、經濟安全等新要素而呈現不安定的狀態。這些地緣風險一旦出現重大變化，勢必如同地震般地擴散至區域與國際政治經濟環境。

值得注意的是，二次世界大戰期間美日兩國相互爭奪太平洋上的島嶼，以取得海洋戰略優勢的歷史經驗，如今在「現冷戰」的格局下再次重現，只是這次的主角，從**美國與日本**換成了**美國與中國**。

東亞安全困境，加劇緊張衝突感

當中國在國家總體實力大幅增長下，為維護快速擴張的國家利益，積極發展軍事力量，也在全球與其周邊海域展開各項戰略部署。其中，在東海、台灣海峽與南海地區的軍事舉動，引發美國、日本、越南、菲律賓等國的疑慮。

對此，美國提出「重返亞洲」戰略因應，並以「印太戰略」為平台，強化自身與盟國的軍事力量以建立穩固的區域安全網。如此一來，**東亞區域各國為維護自身安全利益所強化的軍事力量，反而變成危及彼此安全的火種。**

傳統地緣政治的「安全困境」，是建立在地理位置上的不可變動性。例如，十九世紀的大日本帝國，將國家安全與國家利益取決於對朝鮮半島的控制，而朝鮮半島的控制取決於中國滿洲的安定時，於是滿洲就成為日本、中國與俄羅斯的戰略核心——滿洲既是中國首都地區的屏障，也是俄羅斯遠東地區的發展命脈。地緣上的不可變動，直接導致中日俄的結構性衝突，「中日終將一戰」（甲午戰爭）、「日俄勢必一戰」（日俄戰爭）的思維，也就成為無法避免的事實。

然而，當代地緣政治的「安全困境」，則是呈現動態的、多次元的特色。地理位置依舊扮演一定的角色，但國家安全與國家利益卻是變動的、多元的。原因在於當代國家的特色之一，就是愈來愈傾向一種政治型的「想像的共同體」（imagined community），其所關注的是想像社群的共同利益，是一種「想像利益」（imagined interest）。換言之，它既會因應國際體系（如冷戰、現冷戰）而隨之變動，也會受到國內情勢（如政黨輪替）而出現改變。

在「變動的」國家利益思維下，國民對於政治共同體的認同、國家對於主權歸屬，以及在區域、國際扮演的角色思考，左右了國家的地緣戰略布局。

例如，二次世界大戰後的台灣，受到國共內戰與國際冷戰影響，沿襲了自明、清以降的海禁政策，此時台灣的國家體制與國家定位屬於陸權國家，「掌控大陸」則是冷戰時期台灣思考地緣戰略時的核心概念。

但是隨著國際情勢的變化與國內政黨的輪替，建立與過去不同的國家觀，符合現代台灣地緣特徵的「海洋國家」，即成為區隔過去陸權思維的重要概念。在國家認同與國家能力均朝向海洋國家認同傾斜時，台灣提出了「南向政策」。

東亞最主要「地緣風險」是中國

對東亞地區國家而言，當前的安全困境來自於主權獨立、經濟發展、外交互動等各國戰略為區域帶來的變動性與不確定性，進而形成地緣上的風險。而從其他東亞國家的地緣環境來看，**最直接也是最關鍵的地緣風險，是中國的擴張性政治外交、經濟貿易與軍事安全動向。**

以台灣為例，中國除了在國際上持續打壓台灣的生存空間，也試圖透過新媒體（如社群媒體）影響台灣內部的政治情勢；在經濟貿易上，由於兩岸的經濟互動關係密切，中國市場與經濟政策的變動，都會直接左右台灣企業（特別是電子業）的收益，進而影響台灣的經濟情勢；在軍事安全上，中國持續強調武力犯台的條件，以及積極擴張海空軍的活動領域，讓台灣直接面臨來自中國的軍事壓力。

然而，除了中國崛起所帶來的直接風險之外，由此延伸的美中貿易戰、朝鮮半島形勢、南海紛爭、區域經濟整合等，也都是牽動美中關係與東亞區域情勢的重要議題。

先是二〇一八年三月開始的美中貿易戰，其背後是「科技冷戰」的興起。從「華為事件」與「半導體聯盟」來看，以5G、AI、半導體為核心的未來科技產業領域，必然直接涉及國家安全而形成兩種市場規格：「中國規格」與「歐美日規格」。而相關產業的生產製造上，在安全保障的思維下，也會出現兩種互不相容的供應鏈。

其次是**朝鮮半島情勢**，因為朝鮮半島的核子武器、飛彈危機的發展過程中，直接牽動區域安全穩定的局勢，相關行為者的政策選擇，更間接影響到此一區域的地緣風險。特別是中國與美國在各自試圖主導北韓議題上的過程中，極容易讓周邊國家被迫捲入美中的地緣競爭中。

此外，日本與韓國之間因慰安婦、徵用工、竹島（獨島）等爭議導致雙邊關係的不確定性，一度發展成兩國的貿易衝突。例如，韓國在二〇一八年以賠償「戰時徵用工」的名義，扣押日本企業在韓國的資產；對此，日本則是宣布管制半導體原料出口韓國，不僅打擊了韓國半導體的產能，也牽動了半導體的全球供應鏈。

另外，不容忽視的還有**南海紛爭**，隨著中國海權思維的發展，激化南海海域的島嶼主權歸屬、海域劃分和相關海洋權利的聲索衝突。為制衡中國的海洋擴張，美國宣示加強在南海執行「航行自由」，並延伸至台灣海峽。

而英、法、加、日等國也隨之響應，主張依據國際法執行在「公海」巡航的權利。對東北亞的日本、韓國而言，雖非南海紛爭的權利聲索國，但由南海穿過台灣海峽、巴士海峽到日本、韓國的太平洋航線，是關係到東北亞經濟命脈的「**海上生命線**」（sea lane）。

最後是**區域經濟整合**。中國的經濟崛起與對區域現狀的挑戰，在東亞地區與印度太平洋地區形成兩派勢力：即以中國主導的「一帶一路」勢力，以及美日兩國主導的印太戰略（願景）；兩派勢力均積極拉攏以東協為主的區域國家支持。此外，美中貿易戰的發展，以及區域全面經濟夥伴協定、跨太平洋夥伴全面進步協定、印太經濟架構（IPEF）等運作，都會影響區域經濟整合的發展方向。

東亞現冷戰，演變成全球反中「新冷戰」

在地緣關係上，東亞國家既是「海上絲綢之路」的一環，也屬於自由開放的印

圖表9-1.傳統冷戰vs新冷戰思維

	傳統冷戰	新冷戰
國際環境	美蘇兩國互不往來，兩大陣營之間經貿關係疏遠	美中兩國經貿關係密切
手段工具	核子武器	AI、5G、半導體等科技
核心概念	對抗「共產主義」	對抗「中國主義」
理論基礎	地緣政治	地緣經濟

太成員。夾在美日的「印太戰略」與中國的「一帶一路」之間，東亞國家的戰略處境與角色相當重要。

當國際政治瀰漫對抗中國崛起的戰略思維，以美國為代表的西方陣營，結合印太地區的民主國家，儼然形成一股對抗與圍堵中國的勢力。不甘示弱的中國，則是積極透過「金磚國家」集團與上海合作組織，聯合俄羅斯、中亞、中東與南方國家來回應。

從這個角度來看，東亞的「現冷戰」格局，已經擴大至全球規模的「新冷戰」。

在新冷戰的架構下，美國對抗的不再是「共產主義」，而是「中國主義」。美國過去主張，國家現代化的唯一路線，是透過市場經濟推動民主政治。而中國則闢出另一條捷徑，威權體制可以交出亮麗的經濟成績。對美國來說，以中國發展模式為主要內容的「中國主義」，是一種對現有體制與價值觀的重大挑戰（見圖表9-1）。

第十章

中國風險 vs 台灣風險

Chapter 10

◆中國與美國的「新型大國關係」

二〇〇七年，美國財經記者莎拉．邦喬尼（Sara Bongiorni）以親身經歷，出版了《沒有中國製造的一年》一書。作者驚覺，「中國製造」對美國人日常生活的影響，決定身體力行嘗試過一個沒有中國製造的生活。本書一出，立即引起歐美社會的關注，媒體也開始重視中國製造所帶來的影響。

即便在二〇〇六年左右，要執行「沒有中國製造」的生活，也是一件不容易的任務。從小孩的玩具、家人的衣飾、日常生活用品、電器用品到耶誕節禮物，都有中國製造的影子。到了二〇二〇年代，隨著中國經濟實力的快速提升，想要擺脫中國製造與中國供應鏈的嘗試，難度更遠高於二〇〇六年。

自二〇〇八年金融海嘯之後，對於中國製造的風險，美國已有相當之警覺；對於中國軍事擴張的風險[1]，則是在二〇一五年前後，美國開始積極進行對應。

1 當時中國在南沙群島中的美濟礁、渚碧礁、永暑礁等地，陸續完成人工造島與軍事建設。

自此之後，中國的經濟與軍事的崛起，在美國的戰略思維中，經常等同風險、衝突。而對東亞國家來說，中國也從龐大的市場機會，轉變成破壞現狀、導致區域威脅的重大變數。

和平共處的中國演變形成威脅的中國

一九五五年四月，來自亞洲與非洲共二十九個國家和地區的領導人，齊聚印尼的萬隆召開亞非會議。這次會議是二次世界大戰後，首次沒有西方國家參加的國際會議（但日本有參加）。代表中國參加的是時任國務院總理周恩來，他在會中宣示中國對外關係的「和平共處五原則」：互相尊重領土主權、互不侵犯、互不干涉內政、平等互惠與和平共處。

這「和平共處五原則」，建立在當時意識形態嚴重對立的冷戰基礎上，因此對戰後的中國具有重大的戰略意義。中國藉此外交原則，降低國際社會對共產主義中國的戒心，以擴大對外交往的對象，並且增加中國在國際事務上的參與空間，突破美國的孤立和遏制政策。這五大原則隨即成為中國對外政策的基石，也為日後中國取得聯合國代表權，以及重返國際社會奠定了重要的外交基礎。

然而，到了一九九〇年代，隨著中國經濟與軍事力量的崛起，國際社會眼中的中國，逐漸從「**和平共處的中國**」，變成「**形成威脅的中國**」。

中國威脅論方興未艾，國力超日趕美

同一時期，以日本為開端，國際政治學界開始出現「中國威脅論」；相關討論大致可分為「政治威脅論」、「經濟威脅論」與「軍事威脅論」三類。

在政治威脅論方面，國際政治學界認為，中國極端關注西藏、內蒙古、新疆、台灣海峽、東海與南海等地區。對周邊國家而言，是一種擴張主義的心態與強權主義的威脅。

在經濟威脅論方面，中國自改革開放之後，經濟快速發展，綜合國力不斷提升。以中國為中心的強大華人經濟圈正在成形，其發展勢必對亞太地區乃至於歐美經濟造成巨大衝擊。

在軍事威脅方面，中國軍事費用的快速增長與內容的不透明，引起周邊國家的疑慮。美、日等國認為，中國集中發展海洋軍力的作為，正在亞太地區挑起新一輪的軍備競賽。

尤其中國的GDP超越日本，躍升為全球第二大經濟體後，美國儘管在軍事、經濟、科技與金融等面向仍持續領先中國，但兩國的國力差距正在快速縮小。

而中國在國力的大幅提升下，透過二〇一一年的《中國的和平發展》白皮書，也重新界定中國核心利益的範圍。包括：國家主權、國家安全、領土完整、國家統一、中國憲法確立的國家政治制度和社會大局穩定，經濟社會永續發展的基本保障等。

不衝突、不對抗的「新型大國關係」

中國的國力崛起、中國威脅論的出現，以及中國核心利益的重新界定，形塑了現代中國的東亞地緣政治觀，而且根據彼此外交互動，又區分為**大國關係**、**周邊關係**與**海洋關係**。

首先，中國地緣觀的「大國關係」，指的是中國與美國的關係。

「新型大國關係」是二〇一二年，時任中國國家副主席的習近平訪美期間，所率先提出的戰略論述。因為中國自認已經成為軍事、經濟與外交大國，因此有必要與過去以來的大國，也就是美國，建立二十一世紀的新型大國關係。具體內容包括：增進相互理解和戰略信任、尊重彼此的核心利益、促進相互有利合作、增進在國際事務和全球議題的合作與協調等四項原則。中國特別強調，美國需要更加尊重中國的核心利益。

隔年六月，升任國家主席的習近平與美國前總統歐巴馬進行高峰會談時，正式提出美中雙方可以避免歷史上大國的衝突與對抗，共同走向**不衝突、不對抗、相互尊重、合作共贏的「新型大國關係」**。

就東亞地區的觀點來看，所謂「新型大國關係」，就是G2的權力結構，隱含著以美中合作，共同化解與管理東亞地緣危機。但從美國的眼中，原本為了牽制中國而提出的「重返亞洲」政策，其戰略思維則是建立在美國與中國的衝突面向。

但是，在中國眼中的「新型大國關係」，則立基於美中之間合作與衝突的並存關係。因此，中國的東亞地緣觀，係以新型大國關係來穩定美中關係，確保中國的核心利益，是其地緣戰略的重中之重。

拉攏東亞地區的「周邊關係」

至於周邊關係部分，可以由中國威脅論與新型大國關係的發展，展現在二〇一〇年代之後的全球政治局勢發展觀之。

隨著中國的崛起和東亞經濟的迅速增長，世界的政治、經濟中心正在向東亞轉移，持續大國化的中國，正與超級大國美國彼此競逐在亞洲地區的影響力，逐漸醞釀出「美中新冷戰」即將到來的氛圍。這亦表示，**美中競爭態勢主導國際政治經濟，以及東亞地區已成為全球權力政治的中心與關鍵的競爭場域**。

另外，中國外交中的亞洲戰略課題，也就是中國與周邊國家的關係，日益受到關注。東亞是中國外交的最前線，作為一區域大國，進入二十一世紀之後，中國也一直將東亞地區視為其對外戰略的重點地區（見圖表 10-1）。

在亞洲影響力日趨增長的中國，接下來是否會順從國際規則，與周邊國家維持友好關係？以及在亞洲經濟與安全保障不均衡的狀態下，中國的崛起和美中的權力

圖表10-1.中國眼中的亞洲範圍

東北亞	包括日本、蒙古、韓國、北韓（共4國）
東南亞	包括越南、柬埔寨、寮國、緬甸、泰國、新加坡、菲律賓、印尼、馬來西亞、汶萊、東帝汶（共11國）
南亞	印度、巴基斯坦、孟加拉、斯里蘭卡、尼泊爾、不丹、馬爾地夫、阿富汗（共8國）

資料來源：中國外交部亞洲司管轄區域

抗爭，又會給亞洲地區的權力均衡走向帶來怎樣的影響？這些都將成為檢視今後世界局勢時的重大啟示。

二〇一〇年之後的中國地緣戰略，還有一個重點是從大陸國家轉型成海洋國家。

除了與周邊國家鄰接的近海，並且擴展至遠洋地區。近海的主要海域是東海、台灣海峽與南海，直接影響中國與日本、菲律賓、越南等周邊國家的互動關係；至於遠洋的南太平洋，便是中國制定海洋戰略的重點地區。

重視由近海至遠洋的「海洋關係」

以地緣政治的角度來看，中國開始重視南太平洋海域的「海洋關係」，主要出於以下戰略考量。

考量一，突破美國在太平洋海域的中國包圍網。此一包圍網主要是指第一島鏈（北起阿留申群島，南至馬來半島的帕紐索普角）與第二島鏈（以關島為中心，由日本的小笠原群島、硫黃列島和美國的馬利亞納群島等島嶼組成）。若中國成功在南太平洋海域設立軍事據點，將會第一島鏈與第二島鏈的出現突破口。

考量二，擴大中國沿岸的戰略緩衝區。中國的沿岸是經濟發展的重心，也是國家安全保障的重點，一旦取得南太平洋海域的控制權，可將美中可能的衝突海域，從沿岸地區推展至太平洋的中線附近。

考量三，弱化關島的戰略價值。在美國的太平洋戰略中，位於西太平洋要衝的關島，是其戰略的樞紐。以關島為基點向北，美國可控制東海與干預台灣海峽；向西可快速前往南海，控制馬六甲海峽的國際航道。此外，關島基地與美國的印度洋迪戈加西亞基地連動後，可有效對應中亞、中東及非洲的局勢變動。假使中國在關島南方的帛琉、密克羅尼西亞聯邦，以及關島後方（東側）的馬紹爾群島取得政經與軍事影響力，關島將可能被孤立而降低其戰略價值。

考量四，分隔美日與澳洲。隨著中國海軍軍力的增強，美國的亞太戰略以及日美建構的印太戰略中，澳洲的戰略地位快速提升。若中國成功控制南太平洋海域，就可以切斷美日與澳洲的聯繫。

考量五，防衛中國的南美航線安全。在安全保障面向上，對中國來說，有幾條重要的海上航線，分別是：沿著歐亞大陸以北，經由北極海至歐洲的海上航線；沿著歐亞大陸以南，經由印度洋的中東海上航線；北美海上航線與南美海上航線。中國之所以特別重視南美海上航線的原因，是為確保經濟成長所需的南美資源（智利與秘魯的銅），以取得對與美國競爭的戰略空間。

這場海域之爭愈演愈烈，在二〇二一年，日本NEC公司在日本、美國、澳洲政府機構的資金支援下，鋪設帛琉的新海底電纜。以往日本與美國，由於國際通訊需求，多使用北太平洋的海底電纜，此舉除了為了分散風險，也為強化與南太平洋國家的經貿、安全關係，因此鋪設南太平洋的海底電纜勢在必行。而這項行動也表示，美日與中國在南太平洋的競爭，已從海面上延伸至海底。

◆中國提全球倡議示好，歐美不買單

進入二〇二〇年代之後，國際局勢出現的劇烈變化，也直接影響中國的地緣戰略規劃。

首先是俄烏戰爭爆發。以美國、歐盟為主的重要國家，除了廣泛譴責俄羅斯對烏克蘭的入侵之外，也在金融體制、能源交易等國際經濟面向，對俄羅斯進行嚴厲的制裁。但習近平與美國總統拜登視訊時確表示，中國會從事情本身的是非曲直出發，獨立自主作出判斷，倡導維護國際法和公認的國際關係基本準則，堅持按照聯合國憲章辦事，並強調應該以對話談判的形式解決俄烏衝突。同時表態，反對任何非法單邊制裁，並在經濟上給予俄羅斯支持。

從抗議軍演到貿易科技戰，頻刷存在感

二〇二二年八月初美國眾議院議長裴洛西（Nancy Pelosi）訪問台灣，中國舉行「環台軍演」作為強烈回應，其規模與強度之大成為全球矚目焦點。

尤其中國在八月四日對台灣發射九枚彈道飛彈，其中五枚落在日本經濟海域，四枚飛越台灣上空的大氣層；而其戰機和船艦，也越過海峽中線。對此，日本首相岸田文雄強烈表示，此一舉動對地區與國際社會和平與穩定帶來嚴重影響；要求中國立即中止軍事訓練，並確認日美緊密合作維持台海和平穩定。

再來就是**中國與美國在半導體供應鏈上的激烈對抗**。習近平上任後，即大力推動「中國製造二〇二五」計畫，以尖端科技的自力發展來擺脫對外國的依賴。而半導體，便是中國經濟發展的關鍵。

由於中國每年需要進口超過三千億美元的半導體，占全球需求逾七五％；本土工廠製造電子產品的晶片元件，有高達八五％都源於進口。而大多數半導體的生產過程都涉及美國的專利，日本的材料與設備，台灣與韓國的製程。

自二〇一八年以來的美中科技與經濟對峙氛圍下，美國總統拜登於二〇二二年簽署《晶片法案》，規定取得美國補貼的企業不得在中國進行先進製程的投資。同時，美國也籌組包括美、台、日、韓的四方晶片聯盟（Chip 4），牽制與圍堵中國半導體產業的發展。

最後是中國於二〇二二年九月六日參加俄羅斯舉辦「東方二〇二二」（Vostok 二〇二二）演習[2]，並首度派出海軍艦艇赴日本海與俄羅斯艦隊進行協同演練。在俄羅斯因入侵烏克蘭而受全球譴責之際，**中國派出陸海空三軍部隊參加俄國軍事演習**，被視為中俄落實雙方「全面戰略協作夥伴關係」的指標。此外，由於軍事演習地點與實彈射擊靶場設於日本聲稱擁有主權的「北方四島」，針對日本與近海周邊的意涵非常強烈。

面對中國大動作，各國祭出安保戰略

面對以中國為焦點的國際局勢劇烈變遷，主要國家紛紛透過重要報告與政府文件，定位中國情勢發展的戰略意涵，以及各國的因應戰略方針。

例如，北大西洋公約組織於二〇二二年六月的馬德里峰會通過「戰略概念文件」，指稱「中國對北約構成系統性挑戰，北約將努力共同應對。」美國也在二〇二二年十月公布國家安全戰略，將中國定位為「唯一一個既有重塑國際秩序意圖的競爭者，也逐漸擁有經濟、外交、軍事和科技力量，來日益推進這一目標。」

此外，美國也認為，「未來十年，是美國與中國競爭的決定性十年」。日本則是在二〇二二年十二月公布其《國家安全保障戰略》，強調中國對外的姿勢與軍事動向是前所未有的最大戰略性挑戰（見圖表10-2）。

提全球發展、安全倡議，中國來真的？

面對國際形勢的劇烈變化，中國也逐步調整其地緣戰略規劃。二〇二二年，在北京召開的第二十次全國代表大會（簡稱中共二十大），習近

2 除地主國之外，參與「東方二〇二二」的國家包括亞塞拜然、阿爾及利亞、亞美尼亞、白俄羅斯、中國、印度、哈薩克、吉爾吉斯、寮國、蒙古、尼加拉瓜、敘利亞和塔吉克。演習兵力超過五萬人，出動各式軍備五千餘項；包括一百四十架各型飛機、六十艘各式艦艇。

圖表10-2.日本與歐美詮釋中國情勢

國家/組織	安保文件記述事項
日本（2022年12月）	中國對外的姿勢與軍事動向是前所未有的最大戰略性挑戰
美國（2022年10月）	唯一的競爭對手，最大的安全挑戰
北大西洋公約組織（2022年6月）	歐美安全保障體制的系統性挑戰

平在工作報告中指出，未來五年，中國將為「全面建設社會主義現代化國家、全面推進中華民族偉大復興而團結奮鬥」。

在國際關係上，主張中國必須增強維護包括軍事、科技與經濟在內的綜合國家安全能力，以維護中國的海洋權益，捍衛中國的國家主權、安全、發展利益。具體內容包括政權安全、制度安全、意識形態安全，以及糧食、能源資源、重要產業鏈供應鏈安全等。

面對未來全球政治經濟架構，習近平更提出全**球發展倡議與全球安全倡議**。一方面增強新興市場國家和發展中國家在全球事務中的代表性和發言權，另一方面反對一切形式的單邊主義，反對搞針對特定國家的陣營化和排他性小圈子。

值得注意的是，中共二十人中所強調的東亞地緣戰略，主要有**兩個面向**。

面向一，**主張促進區域協調發展與推進高水平對外開放**。中國主張透過在鄰近國界區域的跨境建設，例如在西南國境與東南亞國家、在東北國境與北韓開展經濟合作，提升中國在東亞所扮演的經濟角色。此一戰略思維除了可加強國境邊界地區的經濟建設，也可優化區域與穩定邊疆，進而配合中國「一帶一路」的戰略布局。

面向二，**推動以鄰為伴的周邊外交方針**。為了建構「戰略機遇期」的發展環境，中國重新強調在「和平共處五原則」基礎上，與周邊國家發展友好合作關係，致力於擴大同各國利益的匯合點。在軍事上則是在強調維護核心利益的同時，宣示其防禦性的國防政策，反對集團對抗的冷戰思維。

中國透過區域內的亞太經合組織、上海合作組織（SCO）、區域全面經濟夥伴協定等多邊機制區域經濟整合，深化與周邊國家的友好互信及利益融合，進而強化自己在東亞地區的角色。

針對中國所提出的全球發展倡議與全球安全倡議，並未能形成「全球規模」的迴響。至少對歐美國家來說，中國本身就是一個不可預測的重大風險來源。歐美國家必須先形成「去中國風險」的共識與行動，才能進一步思考與中國在全球議題上進行合作。

◆ 台灣是世界上最危險的地方？

二〇二一年四月，英國《經濟學人》雜誌以〈封面故事〉規格針對台灣議題進行報導，並作出結論，即「**台灣是世界上最危險的地方**」。

中國對國家統一的決心、不放棄武力犯台的態度，以及美國維持台灣海峽和平的立場，讓台灣成為美中兩國的競技場。此外，由於台灣是全球半導體產業的核心，意圖控制半導體生產的戰略思維，在在讓台灣成為衝突的熱點。

果不其然，報導一出立即引發全球規模的討論，而對此國際社會主要有「台灣風險」與「中國威脅」兩大論點。

台灣風險提高，日企、股神都撤退

強調「台灣風險」的論點認為，台灣已經成為東亞區域安全的導火線。對企業來說，除了要制定「台灣有事」時的對應策略，更要考量投資台灣的風險。舉例來說，日本各大企業為此制定緊急時期員工撤退的對策。美國波克夏控股公司的巴菲特雖然對台積電的經營管理、供應鏈地位給予極高評價，但台積電所在的台灣面臨到衝突的風險，仍讓他決定於二〇二三年二月出清手中的台積電股票。

至於「中國威脅」的論點，是在中國提出「中國夢」、「中國製造二〇二五」、「一帶一路」、「中華民族的偉大復興」等戰略概念後，開始受到國際社會的關注。以美國為主的西方國家與中國的周邊國家，對於中國的擴張型對外政策感到憂心與疑慮。

其中，中國夢的提出，是習近平首度就任國家主席時，就在二〇一三年的「十二屆全國人大一次會議」中，以「中國夢」為主題發表演說，主張中國夢是民族的夢，也是每個中國人的夢……。這也意味著，中國用以強化共產黨統治的意識形態，已經從冷戰初期的「共產主義」、改革開放時期的「愛國主義」，轉變為「民族主義」。

對習近平時期的中國來說，為實現中國夢，必須具體推動「走中國特色社會主義道路」、「弘揚以愛國主義為核心的民族精神與以改革創新為核心的時代精神」，以及「凝聚中國各族人民大團結的力量」等政策路線。

習近平的「中國夢」，讓鄰國很緊張

從民族主義的觀點來看，習近平主張的中國夢，同時存在國家光榮願景、當前危機挑戰，以及總動員的邏輯論述，既是中國維護國家統一，鞏固政權合法性的重要工具，也是進行國內意見整合、資源調動與民眾動員的思想工作，更是中國面對危機時捍衛國家利益的思想基礎，以及讓全體人民恢復自信心的重要手段。

然而，渲染過度的中國民族主義論述，反而導致周邊國家的不安全感與威脅感升高，從而影響整個東亞地區的穩定。

事實上，中國改革開放後的外交政策，主要是延續鄧小平主張的「韜光養晦，有所作為」，也就是在國際社會中低調地累積國家力量，傾向擱置會影響國家發展的重大外交爭議。

換言之，鄧小平時期，中國國力不如其他大國時，著重與周邊國家建立相對穩定的關係，來為中國的經濟發展提供有利的環境。然而，在習近平的中國夢時期，對於重大外交爭議則是主張「綜合權衡、宜戰當戰、合縱連橫、維權並舉」的政策方針；在中國崛起的民族自信心下，不再著重「韜光養晦」，而是強調「有所作為」。

軍事力排世界第三，科技力跳躍成長

首先在軍事上的「作為」。中國擁有超過兩百萬人的全球最多武裝部隊，年度軍事預算也超過兩千兩百億美元（二〇二三年），僅次於第一位的美國。根據軍事網站Global Fire Power的統計分析，全球軍事武力的排行榜上，中國緊追美國、俄羅斯，居世界第三位。

在海空部分，以艦艇數量而言，中國的海軍規模為世界第一。中國的空軍目前正在加速進行新一代戰機「殲-20」的部署，也全力發展與空軍戰力息息相關的支援系統與輔助裝備。

例如：用於全球定位與監測的北斗衛星導航系統、用於空中作戰管制的「空警-500」空中預警機、用於電子作戰的「殲-16D」電戰機與「運-9」改裝的電戰機，以及大幅增加戰鬥機航程與制空能力的「運油-20」空中加油機等。

至於科技方面的作為，中國在短時間內出現重要且領先的領域（見圖表10-3），大多都有著「彎道超車」的特徵，經常是跳過一些階段而取得急速的進展。舉例來說，中國是從沒有電話的階段，直接跳到智慧手機的階段，跳過了固定電話的階段。從汽車產業發展初級階段，直接進到電動車的階段，跳過汽車產業成熟階段。

主導全球供應鏈，經濟影響力無所不在

其三是經濟方面的作為。

在全球化與亞太地區經濟整合的風潮下，特別是進入二〇一〇年代中期之後，

圖表10-3.BBC報導中國七大科技

排名	科技	說　明
1	5G通訊技術	華為是全球最大的通訊設備牛產商，也是領先全世界的通訊5G技術尖端公司
2	超級電腦	「天河」系列連續在全球超級電腦五百強中名列前茅榜首
3	人類基因編輯	中國科學家不受宗教、倫理與人權的規範，因此在人類基因研究領域逐漸取得領先
4	人工智慧（AI）	在人臉辨識、大數據監控等運用方面居於世界的最前端
5	電波望遠鏡	建置世界最大單一口徑射電波望遠鏡（口徑五百公尺），超越美國的Arecibo電波望遠鏡（口徑三百公尺）
6	量子科學實驗衛星	二〇一六年八月，中國成功發射全球首顆量子科學試驗衛星「墨子號」，用於試驗保密與竊聽的高階通訊技
7	月球探測技術	二〇一九年一月三日，中國「嫦娥四號」探測機成功在月球馮卡門環形山著陸，是人類探測器首次造訪月球背面

備註：英國廣播公司（BBC）於二〇一九年報導。

中國供應鏈逐漸在全球經貿上扮演吃重的角色。中國的經濟實力開始對周邊國家乃至於全球經貿造成重大影響。

依據《日本經濟新聞》的調查，二〇二〇年全球主要商品與服務份額中，中國企業在七十個調查項目裡，有十七個品項居全球市占率首位。包括移動通訊基地設備、車載電池、個人電腦、鋰電池隔膜、太陽能面板、大型液晶面板、中小型液晶面板、鏡頭、國際信用卡品牌、香菸、造船、大中型卡車、原油運輸量、粗鋼、洗衣機、冰箱、家用空調領域等。

在在顯示，中國在全球電子科技與家用產品供應鏈上，已產生強大的影響力。在中國逐步建立其在全球供應鏈的主導地位之際，美國與中國在地緣政治、地緣經濟上的競爭愈形劇烈，並成為二〇一八年美中貿易衝突的背景。

從軍事、科技到經濟的作為，中國成為各國不可忽視的存在，而「中國威脅」也成為各國非關注不可的地緣焦點。

◆美日擔當「台灣有事」安保防護罩

從印太地區的風險與衝突議題上來看，美、日兩國主要仍是對應來自中國的地緣安全課題，而牽涉其中的台灣問題，既是地緣政治、地緣經濟議題，更是中國風險的投射焦點。

在上述基礎下，未來美日在印度太平洋海域與東亞地區的地緣戰略，主要有兩大核心目標：

美日同盟，保障印太、台海安全

目標一，如何在自由與開放的印太地區，構建穩定的發展環境？

美國的作法除了強化與東亞盟國（日本、韓國、菲律賓）的軍事合作關係之外，也積極透過各項國際合作機制（如印太經濟架構、Chip 4），制約中國的擴張性發展。

而日本，則提升因應外在威脅的應變能力，如增加防衛預算、鬆綁先制攻擊的限制、強化日美協同作戰等，並落實經濟安全保障，如重組高科技產業供應鏈、擴大與深化CPTPP等。

目標二，如何謹慎處理台灣海峽議題，確保第一島鏈周邊海域的安全？

近年來，美國與日本既反對東海與南海的片面改變現狀，更強調台灣海峽的和平與安定。因為台灣的安全情勢不僅與美國的第一島鏈防禦，也與日本海上生命線以及日本南西諸島的防衛息息相關，若台灣海峽出現危機，駐日美軍與日本自衛隊勢必採取緊急的因應措施。

值得注意的是，以美日同盟為基礎的美日安全保障體制，被視為穩定東亞乃至於亞太、印太地區的公共財。過去主要是由美國太平洋司令部（現更名為印太司令部）來主導的彈道飛彈防禦、海上交通防衛，以及離島防衛等，隨著日本集體自衛權的解禁，日本自衛隊也開始在這些防衛事項上扮演重要角色。

日本假想「台灣有事」四狀況

二〇二一年四月十六日，時任日本首相的菅義偉與美國總統拜登在白宮舉行高峰會，會後的共同聲明強調「台灣海峽和平穩定的重要性」，這是日、美兩國自一九六九年之後，首次在共同聲明當中提到台灣問題。

二〇二一年十二月，日本前首相安倍晉三公開談論台灣問題時，提及「台灣有事即日本有事，也就是日美同盟有事」的論述，隨即引起各方的激辯。

有的意見稱，安倍晉三的觀點並不代表日本政府，而日本政府也從未認同「台灣有事即日本有事」。有的意見稱，「台灣有事即日本有事」是事實陳述，也象徵台日和平共同體的形成。也有意見稱，「台灣有事即日本有事」是感情用語，尚未形成日本的戰略架構內容。

過往日本自衛隊從未想定台海危機發生時的美日協同行動（作戰），形成日本安全保障上的「空白事態」。對此，日本防衛省制定內部的假想劇本，如下述四種狀況。

狀況一：台灣危機升高的初步階段，在日本自衛隊的支援下，美國海軍陸戰隊前往南西諸島設置攻擊用的臨時據點。

狀況二：中國軍隊與台灣軍隊發生戰鬥，日本政府認定，若放任此一情勢發展，將會形成影響日本和平與安全的「重要影響事態」。

狀況三：日本陸上自衛隊同步於南西諸島的重要據點配置飛彈部隊。

狀況四：美軍在南西諸島的軍事據點配置M142高機動性多管火箭系統（HIMARS），由日本自衛隊負責運送與彈藥、燃料補給，以及反潛任務，對相關海域實施實質的海上封鎖。

美日正視中國風險，東亞國家呢？

此一假想劇本，反映出美國與日本處理中國風險時的重要思維，也反映了原本在東亞安全保障只是配角的日本，開始思考主角應該要承擔的責任。而且面對中國的擴張型軍事思維，南西諸島被認為是牽制中國重要的防衛力量部署據點，其戰略地位出現變化。

更進一步，在「台灣有事，即日本有事」的論述中，「台灣」所代表的，不僅僅是地緣政治的地理位置，也代表地緣經濟的半導體供應鏈。這同時意味著，美日因應中國風險時的資源配置、移動方式、貿易網絡與防衛手段，也將因地緣戰略思維的改變而出現變化。對於身處印太與東亞的國家而言，是不容忽視的地緣風險。

尤其印太區域地理空間出現的各種重要變化震源，未來都會直接擴散至全球政治、經濟環境，進而對東亞國家的保障戰略目的帶來新課題。包括台灣在內，相關國家如何因應中國風險、美中競爭帶來的挑戰與課題，值得持續關注。

第十一章

二〇四〇全球地緣政治大預言

Chapter

11

◆未來二十年，東亞地緣是僵局或新局？

中國崛起為世界地緣政治帶來劇變，在未來可見的二十年，世界各國眼中的東亞價值為何？全球局勢又會有哪些風險與趨勢？

可以想見的是，東亞依舊會是全球地緣政治焦點；只是美國面對急起直追的中國，兩個大國之間的競合，牽動著全球未來。東亞的主角除了中國，印度與東南亞等中等國家也竄出頭，東南亞國家更不會再靜默以待，在科技島鏈的帶動下擁有選擇權。

只是，台海與朝鮮半島的衝突問題也依舊存在……。

美中合作的「二〇〇六」已不復見

在美中的選項中，台灣做出選擇；東南亞國家不願選邊站。在此情勢下，會再次出現無法預料的「黑天鵝」，抑或「灰犀牛」會先出線，打破僵局？面對東亞地緣觀的新未來，是樂觀、或悲觀？

二〇〇六年，世界人口總數為六十五億人。伊拉克戰爭進入第三年，美國在反恐行動中取得一定的進展，包括處決伊拉克總統海珊、協助伊拉克成立新政府等，但也讓伊拉克陷入內戰紛爭。

在反恐的大旗下，美中之間的合作利益大於衝突矛盾。中國更藉此「**戰略機遇期**」全力發展經濟與軍事力量，完成了指標性基礎建設，如三峽大壩、青藏鐵路等，也與美國首度開展「美中戰略經濟對話」。日本則積極尋求建立與中國的良性互動關係，第一次擔任首相的安倍晉三於同年十月率團前往北京訪問。

即便是再優秀的國際政治經濟專家，也無法在看似平和的二〇〇六年，預見日後美中衝突的全面化與擴大化、俄烏戰爭帶來的重大變數、全球能源結構的轉變，以及半導體科技的關鍵地位。而這些重大議題，正在二〇二三年深刻地影響著我們的生活。

然而，當時已經出現幾大趨勢，引導了國際政治經濟的未來走向。包括：美國房地產泡沫化現象、金融風暴；中國研發與改裝航空母艦（即遼寧號），推動中國的「藍水海軍」，以具備遠征作戰能力的海軍戰略規劃等。以及波羅的海三國、斯洛伐克、保加利亞、羅馬尼亞等鄰近俄羅斯的中東歐國家，於二〇〇四年成為NATO的一員，導致俄羅斯與NATO之間的戰略緩衝區急速縮小。

未來最大變數與風險是「中國」

到了二〇四〇年，國際政治經濟環境會如何演變呢？目前又有哪些趨勢走向與重大變數值得關注？

我們可以從聯合國對人口成長的推論、美國對於未來科技的預測，以及國際關係學者對全球政治的分析資料，得以一窺未來趨勢走向。

首先，就全球發展而言，二〇四〇年的世界人口將達九十億人。全球氣候變遷與永續發展的課題，將隨著「淨零碳排」政策的落實獲一定程度的緩解，但全球暖化帶來的災害依舊持續影響各國的經濟與社會。

印度、巴西等新興大國可望擠入世界前五大經濟體；中國可能超越美國成為全球最大的經濟體，但美國仍然是總體國力最強大的國家，只是美中之間的差距已經縮小。

其次，在科技發展上，氫能、小型核能電廠（SMR）等新能源將替代傳統石化能源。因此，全球能源版圖出現重大變動，加拿大、澳洲、巴西等國有望成為重要的氫能出口國家，地緣關係也將隨之產生變化。

人類的移動科技與通訊科技，也將出現突破性發展。AI將透過通訊科技，協助人類處理九〇%以上的日常事務。自駕車與飛行移動工具，可望成為人類主要的交通手段。半導體應用更為廣泛，在所有的社會系統、日常用品以及人體之內，仍舊是各國爭奪的關鍵戰略資源。

最後在國際政治權力變動上，美國與其盟國將失去重要國際領域的部分主導權，以中國為首的新興大國，可望透過新國際機制（如金磚國家峰會）取代舊國際秩序（如G7）。包括資通訊、AI、半導體在內，美國與中國之間相斥的科技規格與標準，將使全球化轉變成兩個不同陣營的「半球化」經貿體制。隨著半球化經貿體制的成熟化，美中在國際政治經濟上的權力競爭，會直接波及其他國家。

從上述的發展趨勢中，可見「中國」是預測二〇四〇年國際政治經濟局勢時最大的變數。誠如本書前文所指出，過去百年以來左右國際政治發展有三大事件：分別是第二次世界大戰、冷戰以及中國崛起。前兩大事件的發生過程與結果，都徹底改變了國際政治的格局。而目前正在發生的「中國崛起」，勢必也將改變現在與未來的國際政治格局。

對東亞風險：封鎖三海，緊掐海上生命線

究竟中國會對二〇四〇年的國際政治經濟帶來什麼改變？又是透過何種政策手段來改變國際政治格局？在此，本書提示幾個方向以供參考。

無論中國想要改變的格局方向為何，強調和平崛起、負責任的大國也罷，提倡全球發展倡議、全球安全倡議也罷，在當前兩岸關係的架構下，**中國的戰略對台灣而言，都是一項關鍵的風險**。

若以風險導致的影響為分類標準，可將其分為高度風險、中度風險與低度風險。對風險可能發生的時間，亦可將其區分為短期、中期與長期。

透過前述的風險分類，可將中國崛起的風險，分短中長期三個階段；並依影響

程度區分，又可分為高度、中度與低度風險。先就中國崛起對東亞地區帶來的各階段風險（見圖表11-1）來看：

短期（至二〇二七年）：低度風險的經濟武器，包括對貿易夥伴國家設立進口障礙、限制戰略物資的出口等；中度風險為供應鏈對立，因中國在高科技供應鏈與美國、日本、韓國對立，對東亞地區的製造業帶來風險；高度風險的銳實力展示，是指中國以其網路科技進行認知作戰與訊息操作，進而影響東亞民主國家的政治。

中期（至二〇三五年）：低度風險的強勢外交，是指在東亞安全事務、台灣問題上，中國一反過去在外交場合口角論爭的戰狼外交，試圖透過各種政策工具讓對象國家屈服。中度風險的軍事科技化，係中國在一九九〇年代開始積極推動國防的現代化，並將在二〇三〇年代後確立無人機、極音速飛彈、電子通訊、航太與量子電腦等領域的軍事科技領先優勢。高度風險的三海封鎖能力，是指中國具有同時封鎖南海、台灣海峽、東海等三海域的能力，隨時都可將周邊海域變成內海，直接衝擊東亞國家的海上生命線。

長期（至二〇四〇年）：低度風險是中國經濟成長，二〇二二年，中國的

圖表11-1. 中國崛起對東亞/台灣的風險

時程	風險／區域	低度風險	中度風險	高度風險
短期～2027年	東亞	經濟武器	供應鏈對立	銳實力
	台灣	貿易障礙	駭客攻擊	認知作戰
中期～2035年	東亞	強勢外交	軍事科技化	三海封鎖能力
	台灣	經濟統戰	軍事演習	干預選舉
長期～2040年	東亞	全球最大經濟	南北集團對立	以武力解決領土
	台灣	文化統戰	外交壓力	武力統一

GDP來到十八．一兆美元；同期美國的GDP為二十五．五兆美元，是中國的一．四倍。到了二〇四〇年，中國GDP可能超過美國；此一經濟實力的增長，會影響中國發動戰爭的能力與意圖。

而中度風險的南北集團對立，是指北半球工業國家所組成的G7，與由新興國家所組成金磚國家之間的對立，可能加劇各國在發展、能源、貧窮、人權等重大議題上的分歧。高度風險的以武力解決領土爭議，是指中國具有以武力解決台灣問題與周邊領土爭議的能力與意圖。

對台灣風險：設貿易障礙，不惜武統

同樣的，中國崛起對台灣帶來的各階段風險（見圖表11-1），也分述如下：

短期（至二〇二七年）：低度風險是貿易障礙；中國以檢疫、標示等理由禁止台灣產品進入中國市場。中度風險的駭客攻擊；是指中國網軍與駭客入侵台灣的社會系統，掌控台灣政治、經濟、社會運作的重要資訊。高度風險的認知作戰；是中國結合多元技術與手段（資訊、金融、認同等），改變台灣人民的思想與行為，進而在台灣內部製造衝突。

中期（至二〇三五年）：低度風險是經濟統戰。中國將針對台灣的特定地區、族群、產業對象，透過經濟手段進行威脅利誘，以達成其政治目的。中度風險的軍事演習常態化，是中國展示軍力對台灣、日本與美國施壓，以及擠壓台灣防禦空間的手段。高度風險的干預選舉，是在認知作戰的成果上，影響台灣的民主選舉結果，並迫使台灣在不公平的條件下與中國進行政治談判。

長期（至二〇四〇年）：低度風險是文化統戰。中國將加大惠台政策、文化宣傳的力道與範圍，並持續利用「中華民族的偉大復興」、中國認同來推動「一國兩制的台灣方案」。中度風險的外交壓力，是以快速提升的中國國力，全方位壓縮台灣的外交空間。高度風險的武力統一，是中國在國力有望超越美國，企圖完成統一歷史大業，且認定台灣問題無法和平解決之際，選擇使用武力來促成統一。

對台灣來說，如何釐清不同程度、不同種類的中國風險，並以全方位的角度看待其影響，是台灣思考地緣戰略的關鍵。因此，既不能忽視低度風險所帶來的影響，也不能只聚焦高度風險。

◆東亞已經華麗轉身，未來呢？

過去的一個多世紀以來，歐美眼中的東亞地區，在不同時期有不同的認知，也決定了世界各國對東亞價值的判斷依據。

猶如十九世紀中期之後，在歐美國家眼中的東亞，是尚未現代化的資源與勞動力提供來源。二次世界大戰後，東亞國家才擺脫殖民地與宗主國關係，又被捲入美蘇對峙的冷戰體系之內；此一時期，東亞被視為冷戰對峙前線，世界各國眼中的東亞價值，著重在其圍堵共產主義的地理位置。直到一九九〇年代後，在和平紅利與全球化趨勢的背景下，東亞被視為全球經濟發展的火車頭。

進入二〇二〇年之後，世界各國眼中的東亞又呈現何種面貌？東亞對國際政治經濟的發展又將帶來哪些影響？在分析未來東亞面貌之前，必須先釐清下列的三項前提。

前提一，全球化是否會持續發展？

二〇一〇年前，即便接連出現亞洲金融風暴、全球金融海嘯，但國際社會仍把全球化視為一個「不可逆」的過程，透過世界貿易組織、和平紅利（冷戰結束），創造了全球經濟的高成長。「國際分工」、「跨國企業」、「全球市場」成為多數人耳熟能詳的概念，而習慣於高品質、低價格的消費者，都把全球化發展視為理所當然的事。

對美國來說，一九八〇年代開始推動全球化，原本是為了營造一個符合其價值觀的自由貿易體制，達成國家利益的最大化。然而，美國卻在安全戰略與外交政策的選擇下，陷入中東地區的紛爭，而錯失摘取全球化果實的機會。

至於中國則是善用此一「戰略機遇期」，在全球化的推力下快速提升經濟影響力。直到二〇一六年之後，美國首度正視中國的經濟崛起，並認為中國獨享了全球化的利益，決定對中國進行片面的經濟制裁，以維護美國的貿易利益。

之後，美中之間的貿易摩擦加劇，發展成科技研發與供應鏈的對立，導致在全球化下依據比較利益法則、專業分工需求發展的部分供應鏈，特別是與半導體產業有關的供應鏈，面臨到生產地點、交易對象與市場的選擇。除此之外，在AI、次世代通訊等高科技領域，也因為美中對峙而形成不同的科技標準與產品規格。

在可預見的未來，為了避免貿易衝突帶來的經濟損失，如通貨膨脹、經濟衰退等，美國與中國可能重新回歸全球化的軌道，建立自由貿易體制的規範。若朝此一方向發展，美國可重新主導新的全球自由貿易體制規範，繼續在全球經貿領域扮演重要角色；中國也可望擺脫經濟圍堵的困境，累積日後與美國競爭的力量。

相對的，一旦出現美中貿易衝突，從高科技供應鏈擴及到一般供應鏈全面擴大。全球將分為兩大經貿陣營：一方是以美日歐等國為主的自由民主先進國家的經貿陣營；另一方則是以中俄為首的非西方發展中國家經貿陣營。如此一來，國際政治經濟版圖將從由「全球化」階段，轉向為「半球化」階段。

前提二，中國的政經發展是否會遭遇重大變局？

中國自二〇〇一年加入WTO後，經濟高速成長，又隨即超越日本成為全球第二大經濟體。只是中國經濟的快速發展，並未如西方所預期出現政治民主化改革，反而在意識型態之外，透過經濟、科技、金融進行全面控制的威權社會，包括嚴格的網路操控、人工智慧發展下的人臉辨識與社會信用系統等，以強化政府的社會控制力。

二〇一八年後，中國經濟在內部受到生產要素，如勞工薪資、土地成本價格的提升，內需市場不足等因素，在外部還有美國的警戒與反制等因素影響，經濟成長明顯減速。

未來的二十年，中國經濟是否能維持二十一世紀初期的高速成長？一般看法是困難的。因為中國已經是一個龐大經濟體，要持續維持二〇〇〇年代平均十%，以及二〇一〇年代平均七%的經濟成長率，是一個艱難的任務。

未來二十年，認為中國經濟將維持成長的意見認為，中國可望在教育投資、農村改革、科技突破、數位管理、內需轉型等政策的支持下，維持穩定的經濟成長。成長幅度雖減緩，但應可維持四%至六%的成長。中國仍將以強大的經濟力，對內深化其社會控制力，維繫中國共產黨政權；對外展現大國影響力，主導東亞地區乃至於全球的政治、經濟與安全議程。

至於持相反意見的意見認為，中國經濟失去人口紅利後，未來二十年將走向衰退，無法持續推升經濟成長。若在國際政治經濟環境平穩的時期，可透過政策的調控來緩解經濟停滯帶來的衝擊，進而規劃與實施擺脫停滯的經濟刺激方案。

但若在國際政治經濟變動的時期，某些突發事件的發生（如金融危機）將直接導致中國經濟的衰退，而此一經濟衰退不是暫時性的衰退，而是結構性的衰退。中國的經濟衰退，直接影響共產黨對社會的控制能力，以及對外影響力。

前提三，兩岸關係是否出現重大轉折？

中國在領土完整上的決不退讓，以及台灣在國家主權上的堅持，是決定海峽兩岸關係的重大關鍵。從兩岸開始進行交流的一九八〇年代後期以來，以台灣的角度來看兩岸關係，有一個明顯的趨勢，**即經貿互動愈來愈緊密，但心理距離卻愈來愈遙遠**。

對中國而言，在中國國力快速提升的自信心，以及對於台灣愈來愈脫離中國的急迫感下，完成「統一大業」不再是下一代領導人的工作，而是這一代領導人的使命與任務。但是對台灣來說，獨立與維持現狀才是未來的選項，統一（或被統一）已經被排除在外。但面對中國的武力威脅，台灣除了倚靠美國與其他關係國的支持，另外也必須與中國維持一定的互動關係。

依據中國的《反國家分裂法》，以及台灣國防部的《中共軍力報告書》，未來二十年的兩岸關係是否會出現轉折，也就是台灣海峽的和平與穩定是否會遭受破壞，取決於下列「變數」。

首先是台灣是否宣布獨立，也就是台灣是否透過制憲（脫離中華民國）、修憲（更改領土、國旗、國歌）等法律形式實現獨立；其次是外國勢力介入，例如美國介入台灣內部事務，或美軍進駐台灣；最後的變數是和平統一的可能性完全喪失，係指中國認為除了使用武力之外，無法透過其他方式捍衛其國家主權與領土完整。

在這些變數之中，**台灣是否會宣布獨立，取決於台灣；外國勢力是否干涉台灣事務，取決於美國；和平統一可能性消失與否，取決於中國**。對台灣來說，法理台獨的風險過高，除非國際環境出現劇烈的結構性變化，否則不會貿然宣布法理台獨。對美國來說，要維持緊密的台美關係，以及確保台灣海峽的安全與穩定，並沒有派駐美軍駐防台灣的必要。

至於**兩岸關係是否會出現重大轉折，仍由中國的認知來決定**。若是中國內部沒有出現重大政治經濟變局，共產黨政權認定和平統一的希望仍在，將會與美國進行外交上的競合，以及尋求與台灣的對話來達成其統一目標。而台灣則可以維持現狀，既與美國、日本等國保持緊密友好關係，也在國際社會中的確立主權地位。反之中國內部出現重大經濟危機、權力鬥爭，為凝聚國民的向心力，或轉移國民的不滿情緒，中國的國家領導人、統治階層可能採取冒進的行動，武力攻擊台灣以實現其國家統一的偉業。

美中衝突過後，會是Happy Ending？

總的來說，在價值觀、經貿體系、科技標準對立日益嚴峻的二〇二〇年代，各國的民族主義情緒也如同火苗一般，蔓延至各種國際政治經濟議題領域。

相對樂觀的劇本是，美中之間的衝突緩解，中國努力穩定金融秩序，在尋找新經濟成長動能的同時，努力適應緩步成長的「經濟新常態」。同時中國減少以民族主義進行動員的治理思維，專注改善人民生活，讓全民達到中產階級的生活水平，建立中國的新治理模式。在對外關係方面，重回「韜光養晦，有所作為」的路線，與台灣維持穩定的互動關係，並塑造中國是一個負責任大國的國際形象。

相對悲觀的劇本是，美中關係日益惡劣，東亞地區分裂成兩個全面對立的陣營。包括以中國、俄羅斯與北韓為主的陣營，以及以美國、日本、韓國與台灣為主的陣營。東南亞的國家則是採取中立的立場，不願捲入兩大陣營的紛爭。

在兩大陣營的激烈競爭與對立過程中，台灣將快速地被推向美日陣營，並參與實質的安全合作。而中國為了避免永久地失去台灣，將採取非和平的必要措施，甚至武力攻擊。一旦導致「台灣有事」之際，與中國激烈競爭的美國與日本，將被捲入台海戰事當中，而東亞區域乃至於全球的安全與穩定，勢將受到前所未有的巨大衝擊。

◆「黑天鵝」和「灰犀牛」，誰先到來？

國際金融領域經常引用「黑天鵝」與「灰犀牛」，用來形容重大的風險、威脅與危機。之後，國際媒體經常拿來比喻那些尚未發生、或已經發生的重大國際政治經濟危機。

「黑天鵝」是指那些因為發生機率極低而難以預料，但最終仍然發生的重大影響事件；例如，九一一恐怖攻擊事件、新冠肺炎全球大流行事件等。而「灰犀牛」

則指那些雖然顯而易見且發生率高，但卻被輕視甚至忽視的既存且影響重大之威脅；像是全球氣候變遷、全球金融海嘯等，都早有徵兆卻被視而不見的重大風險。

中國的政經變局就是東亞「黑天鵝」

除了黑天鵝與灰犀牛之外，中國政府於二〇二三年時，將美中關係的課題用第三種動物來形容——「攔路虎」，意指那些在前進道路上的困難和阻礙，就如同老虎橫在前路一樣。

而美中關係裡的攔路虎，便是干涉中國內政、損害其主權和領土完整，以及打壓與制裁中國的經貿和科技。因此中國外交部強調，雙方都有必要以具體行動「堅決阻止灰犀牛，妥善處理黑天鵝，徹底搬掉攔路虎」。

在分析東亞情勢時，「攔路虎」概念屬於雙邊關係，或是特定策略的課題與阻礙；反而應用範圍較廣的「黑天鵝」與「灰犀牛」概念，較為適合用以研判打破東亞現狀的因素，進而預測二〇四〇年時的東亞面貌。

在未來的東亞情勢發展中，**中國的政治與經濟變局就是「黑天鵝」**。從政治的面向來說，過去三十年的中國，在「兩根政治支柱」的基礎上，取得急速的經濟成長。

其中，一根支柱是集體領導制，是由多人組成的中央政治局常委會進行國家決策，決策結果由集體或機構整體負責。集體領導制可適度容許多元意見，防止權力高度集中。另一根支柱是國家主席任期制，是國家主席只能連任一次的任期限制（任期合計十年），任期制結合政治局常委的「七上八下」（即六十七歲續任、六十八歲退任）慣例，有助於權力的交接與政治體制的穩定運作。

然而，習近平在任內，改變中國共產黨的權力交接機制，權力集中化（或說是個人化），破壞了原本支撐中國政治經濟穩的支柱，導致中國社會體制的透明度愈來愈低，政治經濟走向與軍事外交政策也愈來愈難預測。

冷戰時期的中國，即便政治不透明，政策難預測，但當時對於世界的影響力不大，並未受到太多的關注。現在，中國依舊是不透明且難預測，但其巨大的影響力，已讓多數人擔憂未來中國可能帶來的威脅。

特別是權力集中的中國，在進行下一代領導人的權力交接之際，可能出現激烈的黨內權力鬥爭，也無法得知何時會發生，但顯見的是，在權力鬥爭的過程中，中國的領導階層可能會針對台灣海峽現況，採取冒進的軍事與外交行動，將東亞國家捲入衝突的漩渦之中。

經濟連動，東亞逃不過中國衝擊

從經濟的面向來說，中國的金融與經濟目前面臨許多課題，其中，有些是其他國家所面臨的共同課題，如國內市場萎縮、產業轉型；也有些是中國獨有的課題，如「國進民退」（國營企業進場，民營企業退場）導致市場失靈、不動產泡沫導致金融體制失能。

由於經濟與金融的安定與社會穩定息息相關，將「維穩」視為核心利益的中國政府勢必謹慎地克服目前的困境。也許在不久的將來，中國可能受到某個金融風暴波及，催化其國內的房市泡沫而導致經濟崩壞。東亞國家與世界經濟將因此受到下列衝擊，包括：

衝擊一、區域貿易的萎縮。中國是東亞地區最大的貿易夥伴之一，當中國經濟崩壞而導致進出口的減少，將對東亞國家的經濟產生負面影響。而中國參與的區域經濟合作，如區域全面經濟夥伴協定、亞洲基礎設施投資銀行（AIIB）與上海合作組織等，也將出現重大變數。

衝擊二、供應鏈中斷。許多跨國公司在中國設有生產基地，如果中國經濟陷入困境，可能導致生產和供應鏈的中斷，恐將波及整個東亞地區的供應鏈，導致關鍵材料與零組件的供應中斷或供應不穩定。

衝擊三、資本流動受阻。中國經濟的崩壞將引發內部資本的外流，進而影響其他東亞國家的金融市場穩定。歐美的投資者可能會尋找更穩定的投資機會，而選擇撤離東亞地區，因而對當地的金融體系產生不利影響。

衝擊四、地緣政治動盪。中國經濟的崩壞可能會引發地緣政治動盪，尤其是在中國與其鄰國，如日本、印度、菲律賓之間存在爭端的情況下，可能會導致區域安全風險增加，對整個東亞地區的安全穩定、地緣政治構成挑戰與威脅。

被視而不見的軍備競賽「灰犀牛」

在未來的東亞情勢發展中，**軍備競賽就是「灰犀牛」**。東亞地區軍備競賽一直存在，主要的驅動因素是中國軍事的科技化。中國在一九八〇年代就提出「國防現代化」的政策目標，並隨著經濟的成長而積極擴大軍事實力，包括現代化的海空軍建置與新型武器的發展。至於另一個驅動因素則是美國的軍事存在。

為了對應中國的軍事威脅，美國在日本、韓國都有部署一定的軍事力量，且與同盟國家共同提升軍備力量。以日本為例，近年來除了持續更新和升級軍事裝備，引進新型武器系統，提高部隊的機動性和戰鬥能力外；更逐年增加防衛預算，購買更多高科技武器和裝備，並改進軍事基礎設施。此外，自安全保障相關法律修改之後，日本可更廣泛地參與國際維和（維護和平）與區域防禦行動。

東亞地區的主要行為者都了解，軍備競賽會增加誤判和誤解，降低彼此信賴關係，進而導致不必要的緊張局勢升級。此外，捲入軍備競賽的國家通常需要確保戰略資源，因而會在其他重要領域（如半導體）進行激烈的競爭。然而，為提升國家影響力，以及確保國家安全之名，東亞國家依舊年年增加軍事與國防預算。依據二〇二三年的國防預算排名，美國以八千五百八十億美元居冠，第二名的中國為兩千兩百四十九億美元、印度以七百三十億美元位居第四、日本以五百一十億美元居第八名、韓國以四百五十二億美元居第十名。

到了二〇四〇年，在中國經濟持續成長的背景下，國防預算有機會超過美國而躍居世界第一。美國、中國、日本、韓國等軍事強國聚集的東亞地區，在彼此互不信任的場域中，一旦發生軍事摩擦，極有可能演變成區域全體的大規模戰爭。

其中，朝鮮半島問題與台灣海峽問題，都可能成為灰犀牛衝撞的引爆點。朝鮮半島上的地緣政治動盪和核武器問題，以及北韓政權的不可預測性，都將對東亞安全構成威脅。

中國對台灣的主權主張，也針對台灣部署大量軍隊和飛彈，沒有放棄對台灣使用武力統一。台灣為了維護自身安全，也持續強化其軍事防衛能力，並與美國維持安全合作關係，包括購買現代武器系統和改進軍事訓練等。此外，由於半導體在科技武器中扮演的關鍵角色，台灣與韓國所具備的先進製程半導體製造能力，也可能成為台灣海峽與朝鮮半島衝突的另一項引爆點。

影響未來東亞地區的黑天鵝事件，也許會有一些徵兆，但難以預測，但只要一出現可能會迅速改變東亞地區的政治與經濟動態，因此，東亞國家需要將注意力放在罕見的黑天鵝事件（如中國的政治經濟變局），積極強化應變能力（如增強防衛能力）之際，更需要密切關注灰犀牛挑戰（如日益升高的軍備競賽），以爭取時間擬定應對策略，確保區域的安全和穩定。

◆ 東亞的新地緣思維與戰略藍圖

未來東亞區域的面貌，除了受到中國政經變局的黑天鵝，以及軍備競賽的灰犀牛影響之外，日本未來的軍事動向與印度與東協國家的外交戰略，也都值得關注。

二〇二七年的日本，防衛預算將提升至GDP的二%，將會超過一千億美元，成為全球防衛預算排名第三名的國家。此外，二〇一四年通過的新安保法案，讓日本從原本的「個別自衛權」轉為「集體自衛權」，不僅擴大日本自衛隊的行動範圍和能力，更允許日本在特定條件下，與盟國共同參與軍事行動。

日本重獲武力，再次成為區域霸權

根據日本相關法律，當日本遭受到武力攻擊之際，屬於「武力攻擊事態」；日本自衛隊可行使個別自衛權，立即啟動進行防衛並對敵國基地進行攻擊。

然而，若是日本本土未遭受攻擊，欲選擇行使集體自衛權而動用自衛隊時，必須符合三個特定情境：第一種情境是「國際和平共同對處事態」，也就是發生類似二〇一九年伊朗於荷姆茲海峽攻擊外國油輪的危機時，日本自衛隊可以協助盟軍執行後勤支援、船舶檢查任務，但不可參與作戰行動。

第二種情境是「重要影響事態」，日本在設想此一重要影響事態時，主要的對應情境是可能出現的朝鮮半島與台灣海峽危機。

也就是，發生如果日本不加以處置，可能就會危及日本安全的重大危機，包括周邊地區與日本海上生命線出現嚴重的軍事緊張局勢或武力衝突，導致日本物資供給受到嚴重影響。當美國等盟國對此採取應對時，日本可支援盟軍後勤支援、船舶檢查、掃雷、保護進出衝突地區的軍用與民用飛機、提供日本國內軍事設施供盟國使用等，但仍然不可參與作戰行動。

第三種情境是「存立危機事態」，當日本的重要盟國遭受攻擊，導致日本陷入存亡危機，自衛隊便可合法行使武力並參加作戰行動。

由於茲事體大，日本法律對此事態成立要件有嚴格的規定，包括日本政府必須證明國家生存已受到威脅、日本政府必須窮盡其他應對手段，以及使用武力時應保持最小幅度……。若台灣海峽出現衝突情勢，美國決定出兵協助防衛時，日本有可能認定此一為「存立危機事態」而參與作戰行動。

然而，受到日本憲法第九條規定所制約，自衛隊參與任何的海外軍事行動，都將在日本國內引發大規模的意見對立。

因此，我們可以想見，二〇四〇年的日本將擁有強大軍事實力，且在安全保障相關法律的鬆綁下，日本自衛隊活動的範圍與執行的任務也大幅增加。而日本是否會啟動修憲、是否能將其軍事力量轉化為外交影響力、內部是否持續支持日本的強軍路線、周邊國家對於日本軍力提升的態度與反制措施等，都是未來影響日本是否成為穩定東亞地區的角色，或是成為區域安全的軍事霸權的要素。

印度、東南亞冒出頭，拒絕選邊站

從台灣往南走，印度與東南亞國家的崛起，也對國際政治經濟產生重大影響。在地緣政治的影響方面，東南亞國協將在東亞、印太地區，針對安全議題與潛在衝突發揮更大的影響力。印度參與的「金磚國家」（BRICS：巴西、俄羅斯、印度、中國和南非）與「自由開放的印度太平洋」（FOIP：美國、日本、印度、澳洲），將可望在區域與國際事務中發揮調解和協調作用。

在經濟層面的影響上，印度和東南亞國家（如印尼、越南、新加坡和馬來西亞等）的經濟快速增長，未來將成為全球經濟的關鍵參與者。除了在供應鏈中發揮重要作用，在美國與中國持續對立的貿易體制中，也將扮演關鍵的中介角色。

在區域安全的影響上，印度和東南亞國家在地緣上具有重要地位，其持續發展的經濟可以減少經濟動盪和政治不穩定的風險，有助於維護地區的穩定。

此外，印度和東南亞國家之間，以及彼此與其他重要國家之間的軍事和安全合作，可共同應對恐怖主義、海上安全、氣候變遷、大規模自然災害等風險與挑戰，進而降低區域衝突的可能。

另一方面，印度與東南亞國家的崛起，可能與中國在安全議題上產生不同程度的競爭。在中國與美國進行結構性對抗的情境下，印度與東南亞國家會傾向採取中立的態度，並在關鍵議題上發揮影響力。

北極海開通，俄羅斯地位水漲船高

東亞之外的地區，未來也將出現一些可能的發展趨勢，進而影響東亞地區與國際事務地區，形成新地緣思維與戰略構圖。

全球暖化帶來的北極融冰影響，隨著北極地區冰層減少，夏季時期部分北極海域變得可通航，也導致歐洲與東亞地理距離的縮短。

這意味著，從歐洲到東亞，不必再走傳統的好望角航線與蘇伊士航線，航運公司可以利用更近、更快的北極海航線。以荷蘭阿姆斯特丹到日本橫濱港的航線為例，好望角航線全長約一萬四千海浬，相當八萬公里；蘇伊士運河航線全長約一萬一千海浬，約六萬公里；北極海航線全長約七千海浬，約四萬公里。在氣候、成本與安全的考量下，部分國家未來可能會繞過潛在衝突地區的南海，改為選擇走北極海航線。

此一轉變可能會強化俄羅斯在能源市場上的影響力，因為俄羅斯在北極地區擁有大量的能源資源，包括石油和天然氣，而融化的北極冰層讓俄羅斯更容易從北極地區運送資源到歐洲和東亞，從而影響全球能源市場。

當然，北極地區的戰略地位提升，也會讓全球地緣政治局勢出現新的複雜因素。包括俄羅斯、加拿大、美國、丹麥、中國、日本在內，對北極地區的主權和資源，存在著不同立場與爭議，可能引發新的地緣政治緊張關係。

而俄羅斯未來的國力發展，也是一項影響地緣政治的變數。如同上述北極海航線的開通，可能強化俄羅斯在能源市場上的影響力；另一方面，陷入俄烏戰爭泥淖的俄羅斯，可能會因西方國家的經濟圍堵，以及戰費持續支出以致國力衰退。

俄羅斯若面臨國力衰退，可能導致其他國家嘗試填補其地位，而增加區域和國際競爭。另外，俄羅斯本是世界上最大的天然氣出口國之一，一旦國力衰退，可能會對全球能源市場的供應與價格產生影響。

「貿易和平」優先，台、朝問題放一邊

值得注意的是，新自由主義的國際政治經濟學者主張，全球化的發展將提高國家之間的經濟互賴，進而增加發動戰爭的成本。此一「貿易和平論」強調，貿易和經濟互動有助於減少國際衝突和增強國際和平。然而，儘管貿易和評論在過去的某些情況下，具有一定的可行性；但在未來的新地緣政治與戰略構圖下，也存在一些極限和限制。

這些限制包括地緣政治因素、經濟安全保障與貿易失衡。貿易和平論忽略了地緣政治和國家利益對於特定國家的重要性。有些國家可能會犧牲經濟利益，以追求地緣政治目標，保障國家安全、擴大領土或保護國家主權等。

此外，雖然貿易可能有助於減少國際的軍事衝突，但不一定能夠阻止非傳統性

的衝突，特別是與經濟安全保障有關的科技競爭、供應鏈爭奪與資訊戰爭等。最後，貿易失衡加劇經濟不平等，導致一些國家感到不滿，進而引發國際政治和社會動盪，甚至造成外交上的重大衝突。

總的來說，未來二十年的國際政治，將持續圍繞著美中之間的競爭議題，並以東亞地區為主要的場域。從地緣政治的觀點來看，在東亞的地緣舞台上，到了二〇四〇年，主要角色依舊是美國與中國。

東亞地緣舞台上演出的劇目，不再是全球化下的美中爭霸，而是供應鏈分斷下，中國、美日與東協國家之間的競合關係。而在此一新的地緣構圖中，台灣海峽與朝鮮半島仍是衝突熱點。但隨著東南亞與印度的崛起，增加了關注衝突熱點的利害關係國家。面對這些新的變化，也必須要有新的地緣思維來加以因應。

第十二章

打破地緣政治的「東方主義」

Chapter 12

◆ 地緣政治棋局上，誰是棋手、棋子？

西方論述地緣戰略時，最喜歡用「棋局」作為比喻，就地理位置為棋盤，以國家為棋子。

不過，西方所思考的棋局，多數是西洋棋。西洋棋的開局（布局），必須先控制中心四格地區（戰略要地），占據要點讓棋子相互呼應，進而展開進攻與防禦。摧毀對方國王（核心利益）以取得全面勝利，是西洋棋的戰術目標。

同樣是以「棋局」為譬喻，東方國家則是以「圍棋」作為思考。圍棋是以搶占角落，再進入棋盤邊的攻防，最後經營棋盤中腹（中間地帶）。圍棋高手則通過在棋盤上占「空」，逐漸消磨對手的戰略潛力，利用「戰略包圍」，積小勝為大勝，是圍棋的戰略目標。

一直以來，西方國家自視是棋手，以全球的地緣環境為棋盤，而東方地區則是棋子。棋手們以其戰略思維擺布棋子，尋求棋盤上的優勢以及棋局的勝利。而這些位居主宰的西方中心主義，猶如「東方主義」地緣思維揮之不去的幽靈。

只是，隨著東方的大國崛起，或者中型國家的出頭，棋局開始起了變化，這些「棋子」開始搶占角落，取得部分戰略優勢。這些發展不僅改變全球地緣政治格局，也對西方產生影響。

儘管東亞仍是冷戰後地緣衝突熱點，但東亞的覺醒，不僅發掘了各自的利益核心，並試著尋找更有利自己的戰略之路。只是在這片土地上，最最具地緣戰略價值的要衝——台灣，在四百多年來的轉折後，又將何去何從？面對未來，又有何籌碼與勝算，才能走出自己的路。

充滿西方刻版印象的「東方主義」

十八世紀的歐洲，承繼了大航海時代的天文與地理知識，前往中東、亞洲展開大規模的殖民、貿易和探險活動，開始接觸東方地區的社會。這種接觸讓歐洲國家對這些地區的文化、歷史、宗教和習俗產生興趣，學者、旅行家、藝術家和政治家開始研究和描繪東方地區，並試圖理解與詮釋東方的特色。

對此，來自中東地區的美國學者薩依德（Edward Said）提出了「東方主義」（Orientalism）的概念，用來指西方文化對於東方文化的一種特定觀點或詮釋。西方的詮釋中，部分具有文化、宗教與藝術的浪漫想像，但更多是對於東方的刻板印象，在西方文學、電影與藝術作品中，亞洲是一個神秘的地方，充滿各種奇幻神秘的元素，東方女性則被描繪成被壓迫、沉默和服從的形象，並視為需要被拯救或解放的對象。

早年西方對於東方的認知，傾向一種西方中心主義的觀點；相對西方文明的高尚、進步與文明，東方被視為異化、野蠻和落後。

「西方思維」忽視了東方的多元與進步

進入二十一世紀之後，對於中東的恐怖主義刻板印象、亞洲國家的經濟刻板印象與中國的古老刻板印象，成為東方主義的新內容。

像是西方國家傾向視中東地區為恐怖主義的溫床，所有中東人或穆斯林都被視為潛在的恐怖分子，而忽視了中東地區多元的文化、宗教和政治觀點。

此外，在全球化發展的過程中，西方國家也傾向將亞洲視為便宜勞動力的來源，或將其經濟增長歸因於低工資和不正當競爭。這種刻板印象忽視了亞洲地區的複雜經濟現實，以及這些國家在全球經濟中的多樣化角色。

最後，在西方的世界觀中，中國經常被描繪為一個古老、靜止和傳統的國家，導致忽視了現代中國的快速發展和現代化進程，以及其在科技、商業和文化領域的影響力。

所謂的「西方思維」，在國際政治上與「帝國主義」緊密相關。在十九世紀，西方思維被用來支持帝國主義的行動，包括殖民地統治和帝國擴張。西方國家以文明化和現代化的名義，對東方地區進行控制和統治；並將東方地區視為國家競爭與對抗的場域，進行地緣戰略的布局。而在西方國家競爭背景下衍生出的地緣政治理論，自然而然也是另一種形式的西方中心主義。

雖然在文化、文學與社會學的東方主義，在二十世紀晚期的跨文化交流過程中逐漸被修正，東方不再是神秘國度，日本進入先進國家之列；韓國、台灣、中國與東南亞的經濟，也出現令人驚異的成長態勢。

但在地緣政治上，西方中心主義依舊位居主宰地位，東方主義的幽靈持續在國際政治上遊蕩，仍以其戰略思維擺布東方地區棋子，尋求棋盤上的優勢以及棋局的勝利。

然而，正如同亞當斯密（Adam Smith）在《道德情操論》所描述的：身在系統之上者，似乎認為自己能用手擺布棋盤中的各顆棋子。但是，在人類社會這個大棋盤上，每顆棋子都有自己的行動原則。

地緣政治這盤棋，東亞不甘只是棋子

在地緣戰略的棋盤上，每顆棋子也會依循自己的國家利益決定行動原則，而不會聽其擺布。尤其是東方國家在經濟上的急速成長，正持續轉換成國際政治的影響力。現代東方國家與傳統西方國家的世界觀，正在展開另一種層面的競爭。

在此必須強調的是，驅逐東方主義地緣思維的幽靈，並不是要「對抗」西方的地緣戰略思維，而是要「擺脫」西方中心主義，形成自己的地緣戰略思維。也就是要先釐清西方與東方在地緣思維上的差異。

在**歷史和文化背景層面**，東方擁有豐富多樣的文化和歷史，如數千年歷史的中國、印度古文明，對東方觀點的地緣政治具有深遠影響；而西方的地緣政治除了受到希臘羅馬文明和基督宗教傳統的影響之外，西方國家之間的歷史和文化聯繫相對緊密，較易形成共通的地緣政治思維。

至於**國家體系和政治體制層面**，因其不同而對地緣政治決策產生影響。像是東方有各種不同的政治體制，包括共產主義國家，如中國、北韓、越南；民主國家，如印度、日本、南韓；君主制國家，如沙特阿拉伯、泰國等。西方主要是民主體制國家，重視選舉、自由媒體和政府分權。

而**地區衝突和合作層面**上，東方是一個地理和政治多樣化的地區，並存在著多個潛在的地緣政治衝突熱點，如南海爭端、印度與巴基斯坦的關係、朝鮮半島問題、台灣海峽緊張情勢等。在二次世界大戰後的區域發展過程中，成功建立東南亞國協、上海合作組織等合作機制。顯見東方的地緣政治格局較為複雜，牽涉到更多的國家和地區。

至於西方雖然也有烏克蘭危機等地區衝突，但在歐盟的基礎上，地緣合作是主要的趨勢。

最後是大國角色和影響力層面，東方匯聚全球最大的經濟體，如中國、印度與日本，這些國家不僅在區域、在國際事務中發揮重要功能，並尋求增強其地緣政治影響力。儘管西方國家仍持續在國際事務中扮演著重要角色，但東方的大國崛起，正在改變全球地緣政治格局並影響西方。

除了東西方本質差異，東方國家也各有盤算

由此可見，東方和西方觀點的地緣政治，確實存在許多差異。但仔細深究，即便同樣身處東方地區，各國也會在不同的文明背景與政治因素的影響下，形成不同的地緣思維。

例如，中國認為，西方國家聯合部分東亞國家，對其進行地緣上的包圍，所以中國的地緣戰略重點，除了在思維上對抗西方中心主義，也要在地理上突破包圍網。至於日本則認為，是中國意圖打破現狀，已成為區域穩定與日本安全的威脅來源，因此，日本地緣戰略的重點，是在西方地緣政治思維的基礎上，與美國合作來

確保國家安全與區域穩定。

◆東亞各國核心利益的「核心」？

在十九世紀末至二十世紀初，西方帝國主義國家積極向海外擴張，並在東亞地區建立殖民地，陸續在東亞地區引發衝突和戰爭，包括一八四〇年在中國的鴉片戰爭、一八五六年的英法聯軍之役，以及一八六三年在日本的薩英戰爭、一八六四年的下關戰爭等。

面對當年西方帝國主義的威脅，東亞各國開始摸索建立**東亞自主性**的可能。其中，孫中山的**大亞洲主義**（Pan-Asianism）提倡亞洲各國團結合作，以對抗帝國主義和外部勢力的侵略，以實現自主性和獨立，但這個主張最終並未實現。

遑論當時是一個變動劇烈的時代，中國正處於國內政治和社會變革的過程，同時面臨外部勢力的干涉。只是即便處於相對穩定，且無明顯外部勢力干涉的承平時期，東亞地區仍不容易形成共同的核心利益，主因在於這個區域包括多個國家和地區，都有各自自己的歷史文化、政治經濟優先事項以及關切的區域事務。

中國威脅，東亞國家的發展與安全順位

東亞地區利益的本質是多樣性，但各國優先關注的重要事項仍是國家安全利益，所有東亞國家無不希望確保地區的和平、穩定和安全，這包括防止軍事衝突、打擊跨國犯罪、應對恐怖主義以及確保國家主權和領土完整。

但在「國家安全」為名的具體政策落實上，各國間卻出現重大落差。例如，北韓因此發展核子武器，日本故而反對北韓發展核武；中國為維護領土完整不惜以武力推動兩岸統一，台灣則選擇強化防衛力量以對抗中國。

在經濟合作和貿易層面亦是如此。東亞地區包括一些全球最大的經濟體，如中國、日本、韓國、台灣以及東南亞國家，擁有龐大的市場和生產力，掌控重要的供應鏈，對世界經濟增長和國際貿易具有重大影響力。不可諱言，**繁榮與發展**是東亞國家的核心利益，但不同的國家可能會在**發展與安全**做出不同的取捨。有些國家認

圖表12-1.核心利益下的安全與發展順位

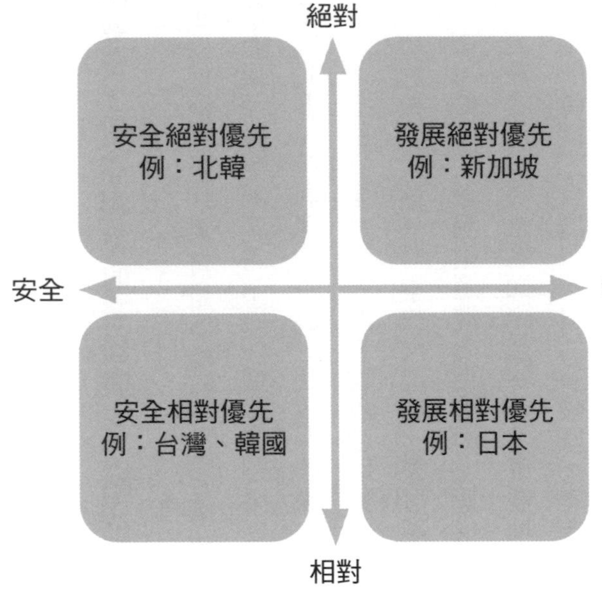

為擴大貿易合作可降低衝突，有些國家主張必須對具威脅國家進行經濟圍堵（或制裁）。

事實上，除了安全與發展之外，國家核心利益的內容也包括政治穩定、氣候變遷、科技發展、文化教育等，究竟對一個國家來說，哪些核心利益更為核心？哪些才是重中之重？

針對此一爭論，通常會圍繞在安全與發展這兩個面向，也就是**安全優先**還是**發**

展優先？是絕對的優先還是相對的優先？

冷戰初期的東亞地區，在核心利益的思考上，屬於安全絕對優先；到了冷戰後期，隨著國際情勢的變化而逐漸轉向安全相對優先。一九九〇年代之後，在全球化與中國經濟崛起的背景下，東亞國家對於核心利益的思考，進一步轉變為發展相對優先（見圖表 12-1）。

舉例來說，在中國崛起的初期，幾乎所有東亞國家均選擇發展相對優先的核心利益思維，包括日本、韓國、台灣與東南亞國家，都曾在中國經濟急速成長的潮流中，獲得一定的經濟果實。

但在中國崛起的中後期，這些東亞東國家開始出現分歧，日本、韓國面臨日益增強的軍事威脅，轉向選擇安全相對優先的戰略思維。至於未直接面臨中國威脅的東南亞國家，依舊保持發展相對優先的思維。

東亞領土、主權爭議未歇，仍持續發展

即使我們透過不同面向理解，東亞國家不易形成共同的核心利益，但並不代表

他們無法共享核心利益。在重新省視東亞國家的核心利益之前，可以先從西方與東方在面對安全與發展課題時的思維差異來切入。

第二次世界大戰之後，西方國家（特別是西歐國家）的安全問題，很快就獲得解決，特別是關於主權與領土的部分紛爭，多屬於內部自治權與獨立要求，如英國的北愛爾蘭問題、法國的科西嘉島問題等。對於尚未解決的安全問題，則靠多邊機制來進行協調。

但亞洲地區的多數國家是在戰後才成立，原本的西方殖民地建立了新國家後，在主權與邊界問題尚未獲得定論之際，即被捲入冷戰的兩極對立當中。甚至這些領土問題留到今日，讓亞洲成為世界上領土爭議最多的地區。許多東亞國家與鄰國之間的邊界爭議，事實上，可能還牽涉到領土主權、歷史爭議或民族問題。

舉例來說，中國與台灣之間的爭議、中國與印度之間的邊界問題、朝鮮半島的分裂情勢。以及南海與東海爭議，都是東亞地區的爭議性議題。

即便存在著領土與主權上的爭議，風風雨雨中，東亞國家依舊創造了耀眼的經濟發展成就。

以歷史的角度來看，東亞地區出現的戰爭，包括韓戰、越戰、阿富汗戰爭在內，雖然各有不同的背景與因素，但多屬於大國權力角逐下的結果。在此並非把西方視為東亞地區戰爭的幕後主使者，而是強調十九世紀以來西方主流的地緣戰略思維，即是以戰爭為手段達成戰略目的。從結果論來看，**東亞國家可同步處理安全與發展的課題，而發展更可視為東亞國家的核心利益**。

例如，在二〇二二年，儘管台灣海峽兩岸緊張對立，中國與台灣的貿易金額依舊維持三千億美元以上；中國與日本之間有東海領土爭議，兩國的貿易金額超過三千五百億美元；日本與韓國存在著竹島（獨島）爭議，兩國的貿易金額為八百五十億美元。

此外，東亞地區長期以來是全球經濟增長的引擎，包括經濟大國如中國、日本，以及在科技產業掌控關鍵供應鏈的韓國、台灣。因此，尋求安全與發展並存，透過促進貿易、吸引外國投資、提高國內生產率和保持經濟穩健增長，是東亞國家的重要核心利益。

◆建造通往東亞和平的橋梁

地緣政治與其延伸的地緣思維，無論是以地緣戰略強化國家發展、確保國家安全，都擺脫不了競爭意識。

歷史上，國家對於地緣政治下安全風險的認知，決定了國家之間的競爭，最終是走向和平還是戰爭。舉例來說，二次世界大戰肇因於德國尋求地理上的生存圈，而走向擴張主義，在併吞奧、捷之後，為了在未來可能的戰爭中取得優勢，乃於一九三九年九月一日進攻波蘭，進而引發第二次世界大戰。

值得注意的是，第二次世界大戰是人類史上第一次總動員式的戰爭，參戰各國除了武裝其軍事力量之外，也透過各種媒體批判侵略戰爭或合理化戰爭，以取得「總力戰」格局下的國民支持，進而贏得戰爭的勝利。

媒體在戰爭期間、戰爭前的角色

在戰爭期間，媒體的角色，不外乎**唱和者、啦啦隊與對抗者**。當媒體只能被動獲得政府提供的資訊，且查證能力受到法律限制，容易成為戰爭的「唱和者」。若媒體感受到國內高漲的愛國氛圍，一邊扮演政府的呼應者與唱和者角色，一邊則引導輿論朝向支持戰爭的論述發展，成為愛國主義下的「啦啦隊」。還有媒體基於理想，或察覺了國內厭戰情緒，會對戰爭進行全面的批判，成為反對戰爭的「對抗者」。

上述是媒體**在戰爭期間**所扮演的角色，但媒體在**戰爭發生前**的角色更至為重要。一般來說，影響國家走向戰爭或和平的地緣風險認知，是一種變動的思維，會因為國際體系而隨之變動，會受到國家內部情勢而出現改變，更會受到媒體報導所影響。

媒體面對地緣風險時的分析報導，有時候是為了引起讀者關注者，有時候是自詡為新知識的仲介者。此外，有時候媒體的本意雖非鼓動戰爭，但卻會成為戰爭推進、擴大的工具，如第二次世界大戰時的日本，主流媒體誇大報導勝仗而刻意忽略敗仗，其目的是增加報紙的銷售。結果讓一般日本民眾產生錯覺，認為日本軍隊在戰場上勢如破竹，進而支持戰爭的進行。

當然，有時候也會因為媒體的批判與反抗，戰爭才得以避免或提早結束，如越戰時期的美國媒體，在相關新聞報導上出現分裂，使得美國國內政治的嚴重分裂，結果導致美國在越戰後期逐漸失去戰鬥意志。

過去幾年，媒體經常扮演地緣風險的宣教者角色，以地緣政治來宣揚國家利益，影響國民的世界觀，以及國家對戰爭的認知。最常被國際媒體提及的「地緣風險」之一，就是台灣海峽情勢。

例如，日本在二〇二〇年四月的美日首腦會談中，強調台灣海峽和平與穩定的重要性，並將其載入《防衛白書》之中。之後透過日本已故前首相安倍晉三的媒體談話，發展出「台灣有事就是日本有事」的論點。而美國智庫「外交關係協會」（CFR）於二〇二一年一月，發布「預防優先次序調查」（preventive priorities survey），將台灣海峽危機列為影響美國利益的第一級風險。至於中國，則是在二〇二二年九月之後，透過政府談話與官媒報導，強調「**台灣問題是中國核心利益中的核心**」。

透過對上述情勢變化的分析，如何建造通往東亞和平的橋梁，可歸納成以下幾種方式：

第一座和平橋梁：媒體正確報導

「台灣有事就是日本有事」、「台灣海峽危機是影響美國利益的第一級風險」，以及「台灣問題是中國核心利益中的核心」等地緣風險，在各種媒體無時差的宣傳報導，在國際社會的認知上，無異推升了台灣海峽發生戰爭的可能性。

最具代表的例子，就是英國《經濟學人》多次以封面報導的方式，將台灣視為「全世界最危險的地方」，以及國際社會如何「為台灣而戰」。之後，隨著美國與中國的競爭態勢加劇，全球的主要媒體都將台灣海峽視為可能發生戰爭的區域。

透過這些媒體的報導，台灣海峽的地緣風險，正如上升氣旋般席捲了國際社會。圍繞著台灣問題的主要行為者，在接受各種地緣風險訊息後，已然形成「認知上的戰爭」。

在可預見的未來，此一認知上的戰爭是否會走向真正的戰爭，除了繫於周邊重要國家領導者的決策思維之外，前述媒體的唱和者、啦啦隊、對抗者、宣教者角色，其影響力也至關重要。換言之，「媒體對地緣風險的正確報導」，是東亞地區走向和平的第一座橋梁。

第二座和平橋梁：平衡思維的原則

東亞和平的第二座橋梁，是現實主義思維的「平衡思維」。現實主義主張，國家總是優先追求自身利益，並在國際競爭中爭取權力和安全。對於國家之間的競爭與利益衝突，現實主義在**權力平衡**和**恐怖平衡**的原則下，確保區域的和平與穩定。

以權力平衡的概念看待中國風險時，會強調中國對國際權力平衡產生的挑戰，以及引發新的競爭和不確定性。對應之道，是區域國家透過強化盟友關係（如美日韓三國）、推動軍事現代化（台日韓的軍備現代化）、給予外交壓力（如美國的對中國政策）等方式，確保東亞地區的權力平衡。

恐怖平衡是指國家之間的軍事武器和實力足夠強大，以至於發動戰爭會對所有參與者都造成毀滅性的後果。這種平衡可能會阻止國家進行軍事行動，因為戰爭可能導致災難性後果。

冷戰時期，美國的「相互毀滅戰略」（Mutual Assured Destruction，MAD）就是一種恐怖平衡的思維。這種戰略政策主張，如果一個國家對他國發動核子武器攻擊，被攻擊國也會以牙還牙，以核子武器報復，終將導致雙方的毀滅，因此任何一方都不會輕率地發動戰爭。

恐怖平衡有時也被視為嚇阻與威懾的相關詞，其目的是阻止對方採取敵對行動，因為對方知道將面臨不可接受的損失。對東亞地區既存的可能威脅，包括中國與北韓，目前美國主導的嚇阻戰略是提升美軍與盟國在此地區的軍備力量。

不過，推動嚇阻戰略時，必須掌握兩個重要原則：一個是嚇阻力量要具有可信度，若被認為不可信，嚇阻效果就會減弱；另一個就是雙邊要有順暢的溝通管道，嚇阻的目的是為了保持現況的穩定，若無順暢的溝通管道，容易引發雙方的誤判和意外，出現激化衝突的行動。

第三座和平橋梁：國際機制的互賴

自由主義強調的「國際機制」，是東亞和平的第三座橋梁。

自由主義強調經濟互賴，認為國家之間經濟聯繫的增加會減少戰爭的可能性，此一論點認為，因為戰爭可能會對經濟造成嚴重損害，國家間會更傾向於通過和平手段解決爭端。其次，自由主義者主張強化國際機構和多邊主義，以促進國際合作和協商，這些機構可以提供協調機制，以處理國際爭端，並制定國際規則和標準。最後，自由主義強調外交協商和談判作為解決國際爭端的主要工具。通過對話和合作，國家可以找到共同的解決方案，而不是依賴武力。

過去的東亞地區，瀰漫著一股自由主義氛圍，包括：民主化的推進（如韓國、台灣的民主化），區域經濟互賴的加深（如域內貿易額的大幅成長），以及多邊機構的成立運作（如東協、APEC等）。

但近年的東亞地區，現實主義氛圍主導域內國家的外交與經貿政策。然而，比起權力平衡與恐怖平衡花費的成本，以及可能因軍備競賽衍生的風險，自由主義思維的論點，依舊還是東亞國家追求和平的一個選項。

在實際的操作上，中國申請加入的CPTPP，是一個值得思考的重大議題。早在一九九〇年代，西方國家在自由主義的思維下，一度認為讓中國加入國際經貿機制，可促成中國內部的和平演變達成政治的民主化，進而降低中國崛起帶來的威脅；然而，這個嘗試最終以失敗告終，原因包括：在談判過程中對中國的過度讓步，中國政府推動「反和平演變」的政治運動等。而中國則以國際經貿機制為平台，掌握契機達成高速的經濟成長。

前述經驗讓美日等國在中國申請加入CPTPP的議題上，抱持懷疑與謹慎的態度。畢竟CPTPP設計的高標準經貿規範，原本就是用來建立經濟同盟關係。對中國而言，要達到此一高標準規範的難度極高，因此，也被視為圍堵中國的一種經濟機制。

因此，當中國申請加入時，美日等國的主流意見是否定與反對。但也有少數意見表示，若能記取前次的失敗經驗，在談判過程中確保CPTPP的規範可具體落實在中國的相關制度上。如此一來，就有機會在自由主義的基礎上，建立東亞地區的國際機制來維持和平與繁榮。

第四座和平橋梁：信念與認同

第四座橋梁是建構主義的「信念與認同」。建構主義主張國家行為不僅僅是權力和利益的考量，主要受到觀念、信念和認同的塑造。而且和平可以通過改變國家之間的觀念和認知，以及改變國際體系中的規範和價值觀來實現。

以往建構主義鼓勵推廣的國際規範和價值觀，是以人權、民主、自由、法律支配等普世價值觀為核心，日本、韓國與台灣便是成功的典範，但在中國卻遭遇了阻礙。即使如此，也並不表示，建構主義的信念與認同無法成為東亞和平的基石。

除了民主價值體系之外，中國與周邊國家乃至於西方國家之間，仍然存在著一個共同的信念與認同——攜手面對全球氣候變遷挑戰。**全球暖化是凌駕於地緣風險之上的重大危機**，必須透過主要各國的通力合作，方能逐步獲得改善。

尤其美國和中國是全球兩個最大的二氧化碳排放國，因此在減少溫室氣體排放，以及應對氣候變遷方面的合作，對全球的永續發展至關重要。在建構主義的基礎上，透過在對應氣候變遷的國際規範上取得積極進展，中國與美國、日本等主要國家可以為全球氣候行動樹立榜樣，也有機會改善彼此關係，進而緩解東亞地區的緊張情勢。

結語
二〇四〇，一個繁榮或失控的年代？

日本高知市的桂濱，有一座十四公尺高的巨大坂本龍馬銅像。穿著和服、右手放入懷中的坂本龍馬，眺望著著太平洋的巨浪，思考著日本的下一步。那個年代，內有開國與鎖國之爭，外有西方列強的威脅。在黑暗的盡頭，坂本龍馬眼中看到的是曙光，他呼籲要把日本「重洗一遍」，迎接即將到來朝霞。

坂本龍馬站在歷史的基礎上，思考日本當前的困境與未來的道路，提出改變日本的下一步，即知名的「船中八策」，而日本也以此為開端，啟動了明治維新的歷史進程。

當前全球正進入地緣政治的黑暗隧道。對東亞國家來說，台灣是地緣政治的焦點與潛在的衝突點。由於中國將台灣視為其完成國家統一的終點以及發展海洋戰略的起點，直接威脅到東亞國家與印太區域中的海洋國家。

慶幸的是，台灣不僅是東亞的地理樞紐，也是海洋民主價值觀與半導體產業的鏈結點。台灣以「鏈實力」為基礎，再以國家利益為出發點的地緣戰略思維，是當前地緣黑暗隧道中的亮光。

全球抗中議題下，台灣的獨特存在

在西方主流媒體的觀點中，台灣是歐美對抗中國的強大武器。《金融時報》在二〇二三年四月的報導便指稱，「台灣的存在直接影響了全球的政治自由、經濟發展、權力平衡。」而這三大存在價值，都與中國有關。

未來，「台灣有事」與否，則是決定二〇四〇年是一個**失控的時代**，還是一個**繁榮的時代**。若是中國試圖建立新秩序，必先取得台灣，並在地緣政治與地緣經濟上處於領先地位。一旦強大的中國對資源的需求大增，會傾向使用硬實力來爭奪關鍵資源，便增加了與大國發生武裝衝突的風險。

若中國以發展優先，就會選擇以和平方式處理台灣問題，所以中國會克服環境和社會的挑戰，累積強大的社會信心與維繫共產黨的權威。至於中國經濟有其特殊發展模式，但與全球經濟維持密切關係，透過有效率的基礎設施發展與對外援助計畫，中國的經濟發展可協助解決南北問題，創造全球繁榮。

「台灣的」四大地緣戰略推演

當然，被視為印太、東亞秩序關鍵的台灣，既然無法置身事外，又將如何在複雜多變的國際情勢中，正確認識自己的地緣價值？又如何從台灣的戰略觀點對形成地緣黑暗隧道中的亮光？

「屬於台灣」的第一個地緣戰略，是透過國際媒體平台，論述與宣示台灣的地緣戰略觀點。此一地緣戰略觀點，不是外國政府與智庫眼中的「不沉的航空母艦」、「潛艦的補給站」、「美中競爭的緩衝地」、「海上生命線的要衝」等，是立基於台灣利益的地緣戰略，論述與發揮台灣的「鏈實力」。此外，對於地緣風險的評論與分析，也必須將台灣意見加入國際輿論，傳遞符合各方立場的客觀訊息。

至於**第二個地緣戰略，是在東亞的權力平衡中，保持有效嚇阻的防衛力量**。首先來自於國內因素的政治經濟穩定、人民保衛國家的意願與決心，以及完整的後備軍力等，加上來自於國防因素的現代化軍備採購、國防裝備自主研發、具強度的軍事演練和訓練等，還有來自於國際因素的國際安全合作、國際舞台參與等。

第三個地緣戰略，是以經濟與供應鏈競爭力，參與東亞的區域經貿機制。台灣的經濟雖依賴出口和國際貿易，也在科技供應鏈上扮演重要的角色。在東亞發展區域經濟整合的過程中，台灣的參與除了可強化自身的經濟發展之外，也將對區域內的競爭國家提供一個穩定的鏈結。也就是說，與各國具有緊密經貿聯繫的台灣，透過東亞區域經貿機制的參與，有助於加強美國、中國與日本等競爭國家之間的經濟聯繫，從而促進區域和平與穩定。

屬於台灣的**第四個地緣戰略，是深化民主政治，以兩岸交流將其漸進轉化為共同的價值與信念**。中國向來對西方的自由民主價值觀，抱持相當之敵意，並視為顛覆共產黨統治的外來思想武器；對於台灣民主政治發展，中國則將其視為內部的一種挑戰。台灣可在堅持主權獨立的前提下，透過兩岸文化與教育的交流，將民主自由的普世價值，從強力抗拒的思想轉換成正式面對的挑戰。

在過去的歷史中，為了獲得或維持台灣的控制權，以東亞地區為舞台，曾經爆發了鄭成功攻台之役、澎湖海戰（施琅攻台）、甲午戰爭（日清戰爭）、太平洋戰爭等影響區域情勢的戰爭。而在現實世界裡，台灣地緣戰爭的風暴正在逐漸形成，而台灣也被視為全球的四大火藥庫之一。

一九五四年出版的【魔戒】系列奇幻小說，內容是圍繞著一枚足以掌控天下的「魔戒」而展開的冒險故事。故事的開端，是消失的魔戒再度現身，引發各方勢力與不同種族之間的爭奪。

在小說中，「魔戒」是一種權力的象徵，擁有者雖然能因此獲得強大力量，最終也會為此瘋狂與滅亡。書中的奇幻世界觀與對權力的描述，獲得全球廣大讀者的共鳴；因為魔戒的權力誘惑不僅僅存在於小說世界，也存在於現實世界之中。

現實世界的「魔戒」就是地緣政治中，足以提升國家權力的戰略要地。由於主要國家都渴求「地緣魔戒」，想藉此強化自己的國家權力，也造成這些戰略要地經常處於衝突或戰爭的邊緣，也是地緣政治中所稱的「火藥庫」，意即發生衝突的可能性很高，且波及範圍很廣的地區。

被視為東亞地緣魔戒的台灣，過去與現在都是重要國家競逐的地區，未來的命運將會是如何？讓我們回到【魔戒】小說中的情節。魔戒的現身掀起軒然大波，幾乎所有的種族都渴望魔戒的力量，也受到魔戒的誘惑而失去理智。只有愛好和平、性格友善的哈比人，才能夠抗拒魔戒的誘惑。故事的最後，魔戒回到最初製造的地方，消失在末日火山口的火焰中，終結了因魔戒而引發的權力誘惑與戰爭風險。

換言之，解除地緣戰爭風險的關鍵鑰匙，並不在大國的手上，因為大國始終無法抗拒東亞地緣魔戒的誘惑。所以，解除地緣戰爭風險，找尋地緣政治黑暗隧道亮光的關鍵鑰匙，是掌握在台灣人自己的手中；唯有愛好和平、性格友善的台灣人，才有能力在配戴魔戒之際依舊保持清醒。

在可預見的將來，聚焦於台灣，並以「台灣地緣戰略」為核心的討論，將以不同的面貌與議題內容，持續在各種媒體平台與政治經濟場域出現。而位於中心點的台灣，更要時時關注情勢的變化，秉持著「台灣的鏈實力」，回應國際地緣政治與地緣經濟的變動。

後記
給台灣人的地緣政治學

二〇〇一年，我進入日本京都大學經濟學研究科攻讀博士時，對於未來的博士論文題目，曾經有過猶疑與迷惘的時期。之後經過文獻閱讀與研究思考後，決定以《國家權力與貨幣制度》，分析國家如何透過貨幣體制行使對內以及對外的權力，並於二〇〇六年順利取得經濟學博士。

這樣的研究主題，開啟了我對經濟安全保障的關注。於是在十年後的二〇一六年，我把自己關注的國家安全、國際經貿、科技發展與能源供給等議題，撰寫成《日本國家安全的經濟視角：經濟安全保障的觀點》一書。該書是日本與台灣學界中，首度以經濟安全保障的觀點分析日本的外交以及台日關係。該書出版的六年後，日本政府通過了《經濟安全保障推進法》，將經濟安全保障視為國家戰略。

之所以提到這些研究的心路歷程，並不是要彰顯個人在國際議題領域的「前瞻思維」，而是想表達自己的主觀意志——**經濟是決定安全最重要的因素**。在思考日本的安全與外交戰略的時候，這樣的想法特別強烈。而這樣的主觀意志，來自於我對台灣國際處境的理解與認知。戰後以來的台灣與日本，受到各種外部或內部條件的制約，而把經濟安全視為國家發展的重要內涵。

有鑑於台灣與日本區域安全情境的部分類似，以及面臨到的共同威脅，我一直在思考有助於深化台日交流，且符合國際政治經濟趨勢的新議題。島鏈的安全議題非常重要，但台日之間無法進行正式的安全對話。民主價值觀是台日交流的基礎，但極少成為政策對話的內容。

二〇一六年，鴻海併購夏普成為台日之間最重大的新聞。科技供應鏈的台日互動，躍上了政策的舞台。在此之前，日本傾向把研發完成的試作品，交由台灣進行生產。但在二〇一六年之後，台灣的科技與製造能力，受到了日本各界的關注。

二〇二一年，台積電決定在日本熊本投資設立晶圓廠後，確立台日關係的未來趨勢，我也選擇了「經濟安全保障」中的科技合作，做為推動下一階段台日關係的關鍵議題。

就在這個變動且關鍵的時期，有幸與明白文化總編輯林奇伯見面，針對地緣政治下的台灣處境，周邊大國的地緣戰略等議題，多次進行熱烈的意見交換，也催生了本書的出版。

在思考本書架構時，最初是以「給台灣人的地緣政治學」為撰寫方向。而在實際動筆時，經濟安全保障、科技供應鏈、區域安全、台日關係等議題，逐漸把我思考已久的學術觀察凝聚出「鏈實力」核心概念。當我把鏈實力概念提出與總編輯林奇伯討論後，出版社立即拍板定案，把台灣的鏈實力作為本書的標題與核心內容。完成本書後，我確信，鏈實力有機會為東亞地緣政治的研究領域，開拓出新的研究方向，也能為台灣的地緣戰略，提出不同的思考路線。

狄更斯在《雙城記》中，曾經為法國大革命時期的劇烈變動，作了一段著名的開幕序曲如下：這是最好的時代，也是最壞的時代。現今的國際政治經濟情勢，其混沌不明、機會與挑戰並存之處，與小說描寫的情境有部分相似。在這裡，借用狄更斯的用語，作為本書最後的總結。

台灣正處於最好的時代，也處於最壞的時代。擁有鏈實力的台灣，有能力做出選擇，為自己與世界創造最好的時代。

Horizon 視野 003

鏈實力：
島鏈、供應鏈、民主鏈，新半導體地緣政治學

作　　者　李世暉
總 編 輯　林奇伯
特約編輯　陳瑤蓉
封面設計　Atelier Design Ours
內文排版　菩薩蠻數位文化有限公司、Atelier Design Ours
文稿校對　陳瑤蓉、李世暉、林奇伯

出　　版　明白文化事業有限公司
　　　　　地址：231 新北市新店區民權路 108-3 號 6 樓
　　　　　電話：02-2218-1417　傳真：02- 8667-2166
發　　行　遠足文化事業股份有限公司（讀書共和國出版集團）
　　　　　地址：231 新北市新店區民權路 108-2 號 9 樓
　　　　　郵撥帳號：19504465 遠足文化事業股份有限公司
　　　　　電話：02-2218-1417
　　　　　讀書共和國客服信箱：service@bookrep.com.tw
　　　　　讀書共和國網路書店：https://www.bookrep.com.tw
　　　　　團體訂購請洽業務部：02-2218-1417 分機 1124
法律顧問　華洋法律事務所 蘇文生律師
印　　製　博創印藝文化事業有限公司

出版日期　2024 年 1 月初版
定　　價　480 元
I S B N　978-626-97974-3-1（平裝）
　　　　　9786269797424（EPUB）
書　　號　3JHR0003

國家圖書館出版品預行編目（CIP）資料

鏈實力：島鏈、供應鏈、民主鏈，新半導體地緣政治學／李世暉作. -- 初版. -- 新北市：明白文化事業有限公司出版：遠足文化事業股份有限公司發行，2024.01
　面；　公分. --（Horizon 視野；3）
ISBN 978-626-97974-3-1（平裝）

1.CST: 地緣政治 2.CST: 國際關係 3.CST: 半導體 4.CST: 臺灣
571.15　　112021381